KB189714

황금벼는
일부러 고개 숙이지 않는다

황금벼는
일부러
고개 숙이지 않는다

미처 몰랐던 사회적 생존의 꿀팁

장진원 지음

Red Magia

목차

진정한 겸손의 역설: 이익과 손해 사이에서

겸손하면 정말 손해일까? 오늘날 자기 PR과 개인 권리 보호가 중요한 시대에, 겸손은 종종 시대 흐름에 맞지 않는 태도로 보는 분위기가 팽배하다. 하지만 우리는 동시에 겸손한 사람을 좋아한다. 자기 자랑에 몰두하거나 자기 주장만 하는 사람보다, 부족해 보이면서도 사람들과 잘 어울리는 겸손한 사람과 함께 일하고 싶어한다. 이러한 양가적兩價的 감정은 모순일까? 아니면 나는 겸손하기 싫지만, 다른 사람은 겸손했으면 좋겠다는 이기적인 바람일까?

이런 모호성 속에서 저자는 겸손의 '손익 계산서'를 펼쳐 보인다. 이를 위해 동서양의 겸손에 대한 최신 연구와 자료를 바탕으로 하고 저자의 오랜 직장 생활에서 나온 깊은 통찰을 더하여, 겸손의 장점과 한계를 균형적으로 보여준다. 독자들도 자신의 경험에 비추어 각자의 손익 계산서를 작성해볼 수 있을 것이다. 또한 저자는 겸손과 배치될 수 있는 자부심의 중요성을 강조한다. 겸손과 적절한 자부심이 균형을 이룰 때 비로소 오만이나 비굴을 예방할 수 있다는 것이다.

저자가 이 책에서 강조하는 겸손의 핵심은 자신을 객관적으로 평가하여 스스로의 한계를 인정하고, 타인의 가치를 받아들여 더 나아지려는 열린 태도이다. 이는 갈수록 복잡해지는 현대 사회에서도 매우 중요한 지적 겸손의 태도이기도 하다.

더불어, 이 책에서도 일부 다룬 바 있는 동양의 전통적 겸손의 가치를 조금 더 톺아보길 독자들에게 권하고 싶다. 우리의 전통적 겸손은 단순히 자기 발전을 위한 솔직한 태도 그 이상이다. 그것은 조화로운 사회 속에서 타인을 존중하고 돋보이게 하는 데 초점이 맞춰진다. 이 겸손은 공동체의 상호 존중과 조화 속에서 각자의 사회적 위치가 자연스럽게 찾아지도록 하는 태도다. 즉, 겸손은 장기적으로 나와 타인 모두에게 유익하다는 것이다.

이 책의 또 다른 장점은 전문성과 대중성을 적절히 결합했다는 점이다. 지나치게 대중적인 책은 자극적인 제목만 기억에 남기 쉽고, 전문 서적은 대개 대중의 접근성이 떨어진다. 하지만 이 책은 두 단점을 잘 극복하며 많은 독자들에게 다가갈 수 있는 장점을 지닌다. 독자들은 저자의 풍성한 자료와 논의들을 통해 '우리는 왜 겸손해야 하는가?', '겸손이 우리 삶과 조직에 어떤 가치를 주는가?', '겸손을 어떻게 실천할 수 있는가?'를 고민하며, 겸손의 진정한 의미를 새롭게 성찰할 수 있을 것이다.

─김도일_성균관대학교 유교문화연구소 소장

신·구약 성경에 겸손이라는 주제가 많이 등장한다. 그만큼 우리가 눈 앞의 자랑, 당장 높아지고 싶은 유혹을 이겨내고 진정한 겸손의 덕에 도달하기가 어렵기 때문일 것이다. 저자는 이러한 우리 인간의 불완전성과 이중적 심리를 솔직하게 펼쳐 놓고, 겸손은 그 경지가 지극히 높을지라도 조금씩 다가가는 인생의 여정임을 강조한다. 저자는 겸손을 단순히 낮아지거나 자신을 부정하는 것이 아니고, 자기에 대한 객관적 이해와 타인을 향한 배려를 통해 자신의 성장은 물론 진정한 마음의 평화를 얻는 과정으로 그려낸다. 또한 저자는 종교적, 철학적, 심리학적 관점에서 겸손의 가치를 종합적으로 재조명하고 있다. 특히 겸허한 마음의 자세를 강조하고 있는데, 이는 동서양의 고전은 물론 종교 간에 일맥상통하는 통찰임을 보여준다. 독자들에게 자기 스스로를 들여다볼 수 있는 좋은 기회다. 주저 없이 추천하고 싶은 책이다. 이 책에는 오랜 벗인 저자의 진정성이 물씬 배어 있다.

– 문성환_SK케미칼㈜ 이사회 의장

우리는 일상에서 자주 자신의 언행이 자부심과 오만, 그리고 겸손과 비굴 사이에서 어디에 해당할지 또한 그 균형점은 어디인지 생각하게 된다. 겸손은 개인의 삶 뿐만이 아니라 조직의 리더에게도 매우 중요한 덕목이다. 저자는 오랜 직장 생활과 학문적 연구를 통해 얻은 통찰로 실천적인 해법을 제시한다. 또한 이 책은 동서양의 고전은 물론 현대과학이 입증한 다양한 사례를 통해 우리가 미처 몰랐던 겸손의 진정한 가치를 재조명하고 있다. 독자들은 겸손은 자신을 돌아보고 더 넓은 세상과 연결 지음으로써, 스스로의 존재를 더욱 빛나게 만드는 길임을 발견하게 될 것이다.

— **최종구**_전 금융위원장

　우리가 겸손을 겉으로 드러나는 겸양의 태도로 생각하기 쉬운데, 저자는 내면에 자리잡고 있는 겸허의 마음이 더 중요함을 일깨운다. 마음을 비우고 세상을 바라볼 때 좋은 인간관계, 올바른 판단, 그리고 마음의 평화로 이어진다는 저자의 통찰이 돋보인다. 아울러 이 책은 타인을 존중하고 지극한 마음으로 자신이 변하면 상대방도 감화시킬 수 있다는 경지로 겸손의 차원을 한 단계 높여 놓았다. 아울러 겸손을 통해 세상을 관찰하고 보는 방법을 제시하고 있다. 특히 겸손을 기르는 방법론으로 유가의 '갈고 닦기'와 도가의 '존재 잊기'를 소개하고 있는데, 이는 현대의 인지과학에서 입증된 것으로 매우 가치 있는 발견이다. 인격 수양에 관심 있는 사람에게 꼭 일독을 권하고 싶다.

— **정찬형**_우리금융지주㈜ 이사회 의장

　예술가는 자신의 작품으로 세상과 소통하며 자신을 드러낸다. 그런 점에서 이 책은 겸손에 대한 예술적 성찰의 기회를 제공한다. 또한 건강한 자부심을 겸비한 겸손이야말로 자신의 창조적인 삶과 세상과의 따뜻한 소통을 가능하게 하는 미덕임을 깨닫게 해준다.
　겸손한 자세를 유지하면서도 자신의 가치를 마음껏 발휘하고 싶은 독자들에게 이 책을 추천한다.

— **이반희**_작가

원효스님이 든 비유입니다. 아버지가 시집가는 딸에게 "착한 일을 하지 말라"고 당부합니다.

"그럼, 아버지, 악한 일을 할까요?"

"착한 일도 하지 말라고 했거늘, 어찌 악한 일을 하겠는가"

이 비유의 뜻, 착한 일을 하더라도 '착한 일'을 한다는 의식이 없어야 한다는 것 아니겠습니까. 그러한 상태를, 불교에서는 '겸손'이라 말합니다. 문제는 '겸손'에 대해 관심을 가져보지 않은 사람은 '겸손'에 다가갈 수 없을 것이라는 점입니다. 우리 모두 〈황금벼는 일부러 고개 숙이지 않는다〉를 읽어야 할 이유입니다.

－**김호성**_동국대학교 불교학부 교수

약 8년 전 어느 출간 기념회에 참석한 적이 있다. 옆 자리에는 해당 출판사 사장님이 앉아 있었다. 그 책이 리더십에 관한 자기계발서라서 리더십에 관한 얘기를 나누는 가운데, 나는 겸손이 리더에게 중요한 덕목이라는 의견을 피력했다. 덧붙여, 이 주제를 좀 더 공부해서 책도 써보고 싶다고 말했다. 그 사장님의 반응은 예상과 달리 싸늘했다. 겸손이라는 주제는 자신감이 없고 나약한 이미지를 주기 때문에 독자들의 관심을 끌 수 없다는 것이었다. 크게 실망한 나머지, 출판사의 입장에서는 그럴 수도 있겠다 생각하고 넘어갔다. 정말로 겸손은 자신감 없고 나약한 것인가? 세상을 이끈 리더들 중에는 겸손한 사람이 얼마나 많은데. 그날 나누었던 짧은 대화는 이후 많은 호기심과 궁금증을 낳았고, 반드시 알아내고야 말겠다는 오기도 생겼다. 이러한 궁금증을 해소하고자 동서양의 많은 문헌을 접하고, 철학 또는 심리학 교수님들, 직장 동료들과 많은 대화도 나누며 오랜 기간 탐구의 시간을 보냈다.

전통적으로 우리는 겸손을 미덕으로 알고 있고 겸손한 사람이 존경받는다는 것을 부인하기 어렵다. 여기서 독자들은 겸손의 정의를 궁금해할 것 같다. 국어 사전에서는 겸손을 '남을 존중하고 자기를 내세우지 않는 태도'로 풀이하고 있다. 이러한 겸손이 별로 도움이 안 되고 마치 자신의 성공에 걸림돌로 생각하는 사람도 있는 게 사실이다. 우리 사회에서는 특히 젊은 세대로 갈수록 겸손에 가치를 덜 두는 경향이 있다. 그렇다면 서구를 비롯한 외국 사람들은 겸손을 어떻게 생각할까? 최근 한 기관에서 7개국 기업의 간부들을 대상으로 '리더가 갖춰야 할 자질'을 조사한 결과[1], 겸손이 전략, 도덕성에 이어 세 번째를 차지한 바 있다. 흥미로운 것은 밀레니얼 세대(1980년대 초부터 2000년 사이에 출생한 세대)의 남성이 겸손을 가장 중요한 자질로 꼽은 것이다. 이는 다른 나라 사람들은 겸손을 리더의 중요한 자질로 보고 있다는 건데, 그렇다면 그들의 겸손은 무엇일까 궁금해졌다. 요즘처럼 동서양이 융합되어가는 추세에서 서로 다른 문화를 이해하는 것도 중요하다는 생각이 들었다.

물론, 사람들마다 겸손에 대한 개념이 다를 수 있다. 우리가 어떤 개념을 제대로 이해할 때, 관련한 행동을 올바로 할 수 있고 다른 사람의 생각과 행동을 잘 이해할 수 있다고 본다. 그래서 이 책에서 제기하고자 하는 첫 번째 질문은 '이 시대가 요구하는 겸손은 무엇인가?'이다.

또한, 두 번째로 궁금한 것은 겸손과 관련한 우리의 심리다.

사람들은 대부분 상을 받거나 칭찬을 들을 때 거의 자동적으로 이렇게 말한다. "운이 좋았을 뿐이고, 저는 한 게 별로 없습니다. 다 도와주신 덕입니다!" 그러면 사람들은 겸손하기까지 하다고 또 칭찬한다. 그런데 문제는, 겸손하게 말해놓고도 "그때 당당하고 자랑스럽게 이야기할 걸… 아니야, 자랑하는 건 위험해. 남들이 싫어할 테니까. 결국 사람들은 나를 알아줄 거야." 하면서 스스로를 위로하고 만다.

통상, 기업에서는 인사 고과 시즌이 되면 '자기 평가'라는 절차를 거친다. 개인의 업무 성과뿐만이 아니라 리더십 향상을 위해 개인의 장·단점도 적곤 한다. 이 때 단점을 적기는 쉽지 않다. 왜냐하면 그 단점으로 인해 안 좋은 평가를 받을 수도 있기 때문이다. 또한 장점을 적을 때도 망설여진다. 스스로 자기를 높게 평가하면 겸손하지 못하다고 점수를 깎아먹을 수도 있기 때문이다. 사실 관점에 따라서는 단점이 장점일 수 있고 반대로 장점이 단점일 수도 있는데 말이다. 그러면서도, "윗사람이 잘 알아주겠지. 우리 조직의 인사 시스템은 공정한 편이니까." 하고 넘어가곤 한다.

그런데, 이렇게 나름 겸손한 행동을 해놓고는 왜 마음이 편치 않고 또 미련이 남을까? 내 자아와 사회적 미덕 사이에서 충돌이 일어나고 있기 때문이다. 겸손한 사람일수록 자기를 자랑하는 것이 그렇게도 힘들다고 한다. 한 조사[2]에 의하면, 미국, 영국, 인도의 기술 분야 종사자 5명 중 3명은 "난 알려진 것보다 능력이 부족한 사람이고, 운 좋게 여기까지 왔을 뿐이야." 라고 생각하고 있었다. 심리학자들은 이를 가면증후군Imposter Syndrome[3]이라 부른다. 겸손의 정도가 심한 사람이 이렇게 많을진데, 하물며 보통 수준으로 겸손한 사람은 얼마나 더 많겠는가.

그런데 이렇게 많은 겸손한 사람들이 왜 자신의 가치를 당당하게 내세우지 못하는 것일까? 미국의 저명한 심리학자 윌리엄 제임스^{William} ^{James}는 '인간이 가진 본성 중에서 가장 강한 것은 다른 사람에게 칭찬받고자 하는 갈망'이라고 했는데도 말이다. 그렇다면 겸손하면서도 자랑을 잘하는 방법은 없을까? 자랑과 겸손의 적절한 균형은 가능한 일인가? 내 마음 속에서 싸우고 있는 자랑과 겸손의 실체를 명철하게 파헤쳐 보고 싶었다. 그래서 나온 두 번째 질문이 바로 '자랑과 겸손의 균형점은 무엇인가?'이다.

세 번째로 궁금한 것은 겸손이 가져다 주는 좋은 점과 안 좋은 점인데, 사람들 중에는 겸손하면 손해 본다고 말하는 사람이 있다. 이러한 배경에는 현대 사회의 경쟁적이고 성과 지향적인 구조, 공정성에 대한 불신, 그리고 개인주의와 자기 PR을 중시하는 문화가 한몫 할 수도 있다. 자신의 가치를 드러내서 인정을 받는 것은 당연하다. 이는 개인의 성장과 조직 나아가 사회의 발전을 위해서도 권장되어야 한다. 그런가 하면 이와 반대로 자신의 성과나 장점을 내세우지 않아 자신의 진정한 가치를 제대로 평가받지 못하는 경우도 있다.

기억나는 유명한 사례를 소개하려 한다.

2007년 1월 12일 금요일 아침 7시 51분. 워싱턴 D.C.의 랑팡 플라자역. 출근시간으로 한창 인파가 몰리는 시간에 한 바이올리니스트가 43분간 6곡의 레퍼토리를 연주했다. 그 앞을 지나쳐간 사람들은 모두 1,097명, 잠깐이라도 가던 길을 멈추고 그의 연주를 감상한 사람은 겨우 7명, 그리고 그가 번 돈은 고작 32달러였다. 그는 거리의 악사가 아니고 바이올린의 거장 조슈아 벨Joshua Bell(1967년생)이었다. 그는 5살에 바이올린을 시작하여 10대 초반에 카네기 홀에 설 정도로 뛰어난 재능을 보여줬다. 피플지가 선정한 '가장 아름다운 50인'에도 이름을 올린 바 있다. 워싱턴 포스트지와 함께 한 실험이었지만, 만약 그가 자신의 이름을 걸고 연주를 했다면 사람들의 반응은 어땠을까? 그날 그 자리를 무심코 지나쳤던 사람이 뒤늦게 이 사실을 알았다면 무척 아쉬워했을 것이다. 이는 너무 지나친 겸손이 불러오는 부정적 사례라고 할 수 있다.

하지만, 겸손이 가져다 주는 긍정적 효과는 놀랄 만큼 많다. 다양한 인간관계는 물론, 조직의 성과 그리고 정신적, 심리적 측면에서 겸손의 장점이 과학적으로 입증되고 있다. (아주 흥미로운 사례들을 3부에서 자세하게 펼쳐보았다.) 이렇게 겸손은 두 얼굴을 가지고 있다. 나는 이를 앞으로 '겸손의 손익계산서'라 부르고자 한다. 상황과 상대방에 따라서 플러스와 마이너스 효과가 생겨나는 겸손의 득과 실을 비교해 보기 위해서다. 그리하여 이어지는 이 책의 세 번째 질문은 '겸손의 손익계산서는 어떤 모습인가?'이다. 더불어 마지막으로 궁금한 것은 '겸손은 기를 수 있는 덕목인가?' 그렇다면, '겸손을 어떻게 기를 수 있을까?' 이다.

독자들도 알다시피, 겸손은 동서양을 막론하고 수천년 간 미덕으로 그 가치를 인정받아왔다. 그 이론적 근거를 '문화적 유전자(밈, meme)'에서 찾고자 한다. 이 용어는 〈이기적 유전자The Selfish Gene〉의 저자인 리처드 도킨스Richard Dawkins가 만들었고, 옥스퍼드 사전은 '문화적으로 전달되는 사고 방식이나 행동 양식'으로 정의하고 있다. 생물학적 유전자가 정자와 난자를 통해 하나의 신체에서 다른 신체로 전달되는 것과 같이, 문화적 유전자는 한 사람의 뇌에서 다른 사람의 뇌로 전달된다. 겸손이 인간 사회에서 문화적 가치로 수천 년간 유지되어 왔다는 점에서, 겸손이 인간 사회를 유지하는 데에 도움을 주고 있는 게 분명하다. 그렇지 않다면 겸손이라는 밈은 '교만' 같은 다른 경쟁적 밈에 패배하여 인간의 뇌에서 사라졌을 수도 있다. 앞으로 살펴보겠지만, 이렇듯 겸손은 다른 감정들과 달리 매우 복잡한 심리 현상이다. 또한, 때와 장소에 따라, 또는 상대방에 따라 다르게 인식될 수 있는 복잡한 행동 양태이기도 하다. 그래서 고대 중국의 유가儒家와 도가道家에서는 덕을 함양하는 방법을 고안해 내기도 했다. 그것들이 오늘날 겸손에 적용할 만한 가치가 있느냐에 대해선 현대에 와서도 심리학, 인지과학, 교육학 분야에서 많은 학자들이 계속하여 연구하고 있다. 또 어떤 일각에선 겸손은 다른 덕목과 달리 노력한다고 함양할 수 없다는 주장도 있다. 궁금해진다. 너무나 궁금한 독자가 있다면 곧바로 4부에 들어가도 된다.

사실, 이 책을 쓴 가장 큰 목적은 겸손에 대한 진실을 알리는 데에 있다. 이 책을 집어 든 독자는 이미 겸손한 사람이거나 더욱 겸손하고자 노력하는 사람이다. 어쩌면 겸손이 지나친 나머지 자신의 가치를 드러내지 못하고 애를 태우는 겸손한 독자들도 존재할 것이기에 이 책을 통해 용기를 주고자 한다. 이 책을 읽은 다음에는 당당하게 자신을 드러내도 된다. 겸손은 겸손을 부른다. 그래서 겸손한 사람에게는 친구가 많다. 그들은 자신과 세상을 보는 자세가 비슷하기 때문이다. 혹시 본인이 겸손함이 필요하다고 생각하여 이 책을 든 독자들도 이미 겸손의 길에 들어섰다고 확신한다. 그 용기에 찬사를 보낸다.

이제 1부를 본격적으로 들어가기 전, 〈이 책을 읽는 요령〉을 알리고자 한다.

1. 목차에 가급적 소제목을 넣어서 독자들이 관심있는 주제를 쉽게 찾을 수 있게 하였다. 그래서 관심있는 단원으로 바로 들어가도 좋다. 하지만 1부 만큼은 꼭 읽기를 권한다.
2. 겸손의 사례 중 개인인 경우, 사생활 보호를 위해 가명과 함께 저자의 의도에 따라 본질을 해치지 않는 선의 각색이 들어가 있다.
3. 출처는 대부분 원본을 확인하여 인용했으며, 일부 확인이 어려운 경우는 재 인용했음을 밝힌다.

1부

우리가 알고 있는
겸손의 실체

내가 좋아하는 사람은

내가 좋아하는 사람은
슬퍼할 일을 마땅히 슬퍼하고
괴로워할 일을 마땅히 괴로워하는 사람

남의 앞에 섰을 때
교만하지 않고
남의 뒤에 섰을 때
비굴하지 않은 사람

내가 좋아하는 사람은
미워할 것을 마땅히 미워하고
사랑할 것을 마땅히 사랑하는
그저 보통의 사람

-나태주

1.
한국인들이
생각하는
겸손

돌이켜보면, 학창 시절 겸손한 사람이 되라고 배울 때 선생님은 겸손이 무엇인지 구체적으로 가르쳐주지 않았던 것 같다. 시중에 나와 있는 많은 자기계발서에도 겸손의 개념은 그저 막연한 설명에 그쳐 있다. 사실 겸손이라는 말이 제대로 정의되지 않은 채 막연히 쓰이고 있는 것이다. 겸손이 정녕 무엇인지 모르는 상태에서 이를 제대로 실행할 수 있겠는가? 하루는 이 책을 쓰고자 맘을 먹고 지인들에게 주변에 있는 겸손한 사람들의 사례를 요청한 적이 있는데, 요청을 받은 그들은 모두 어떤 사람이 겸손한 사람인지 묻지도 않고 사례를 보내왔다. 그래서 나는 우리나라 사람들이 겸손을 어떻게 생각하는지 궁금해졌다. 국어사전에 겸손은 '남을 존중하고 자기를 내세우지 않는 태도'로 정의되어 있지만 충분하진 않다.

아쉽게도 국내에는 겸손에 대한 연구 자료가 많지 않았지만, 최근에 발표된 한국인의 겸손에 대한 연구[4]가 있어서 그 내용을 간략히 소개하고자 한다. 성균관대 유교문화연구소장 김도일 교수와 연구진은 대한민국 거주 성인을 대상으로, '겸손이 무엇이라고 생각하는가?'라는 질문에 곧바로 떠오르는 생각들을 복수로 적도록 하였다. 독자들도 잠시 멈추고 이 질문에 생각나는 대로 답한 다음, 연구 결과와 비교해보기 바란다. 연구 결과, 한국인들이 상식적으로 생각하는 겸손은 다음과 같았다.

겸손이 무엇이라고 생각하는가?

순위	범주명	범주 설명	백분율(%)
1	자기표현 억제	자신의 성과나 좋은 면을 상대방에게 드러내지 않는 것	28
2	타인존중	타인을 존중하고 높이는 것	26
3	자기낮춤	자신의 능력, 성과, 지위 등을 낮추어 표현하는 것	21
4	예의/예절	사람이 마땅히 지켜야 할 도리로써의 예절과 의례성	10
5	객관적 자기평가	자신의 가치나 능력 수준을 타인의 관점에서 객관적으로 평가	6
6	자기계발	자기를 더 나은 방향으로 발전시키는 것	1
7	자기확신	자기 자신에 대한 믿음	1
–	기타		7
	전체		100

이 연구에서 백분율 기준 상위 1~4위를 차지한 응답은 타인이나 관계에 초점을 두고 있고, 나머지 5~7위는 자기의 내면에 초점을 두고 있다. 다시 말해, 한국인이 생각하는 겸손에는 '대인관계 관련 측면'이 '자기 내면 관련 측면' 보다 월등히 크게 자리잡고 있음을 알 수 있다. 독자들이 생각하는 겸손도 그러한지 궁금하다.

이어서 물은 두 번째 질문은 '겸손한 태도를 지니거나 행동했을 때 유발되는 좋은 점이 무엇이라고 생각하는가?'이다. 이에 대한 응답은 아래 표와 같다.

겸손한 태도를 지니거나 행동했을 때 유발되는 좋은 점이 무엇이라고 생각하는가?

순위	범주명	범주 설명	백분율(%)
1	긍정적 인상 형성	상대방이 나를 긍정적으로 평가함	37
2	상호작용 촉진	타인과 긍정적 상호작용을 촉진	21
3	자기수양/자기발전	자신을 갈고 닦아 더 나은 상태가 됨	14
4	부정적 상호작용 예방	타인과 부정적 상호작용을 예방	8
5	자기만족	자신이나 자기 행위에 대해 스스로 흡족하게 여김	7
6	타인존중	타인을 존중하고 높임	7
7	기타		6
	전체		100

여전히 대인관계 측면의 장점(순위 1, 2, 4, 6)이 자기 초점 측면(순위 3, 5)보다 높았다. 이는 한국인들은 겸손함이 대인관계에 유익하다는 생각이 많고, 비중은 작지만 자기 자신의 발전에 도움이 된다는 생각도 가지고 있음을 보여 주고 있다.

한국인이 생각하는 겸손의 내용을 알고 보니, 성급하게 다른 나라 사람들의 겸손에 대한 생각도 궁금해진다. 사실 서구에서는 철학, 심리학, 행동 경제학, 조직 행동 분야 등에서 겸손에 대한 연구가 매우 활발하게 이루어지고 있다. 따라서 이 책에서 다루는 겸손에 관한 이론이나 사례의 상당 부분은 서구의 연구 결과에 근거하고 있음을 미리 밝혀둔

다. 위 논문과 동일한 조사 방법을 적용한 외국의 연구 결과는 다음과
같다.

중국인, 미국인 · 영국인의 겸손 통념[5]

구분	주요 특성	부차적 특성
중국인	이목집중을 피하는, 예의 바른, 친근한, 비판 수용적, 남을 얕보지 않는, (마음이) 여유로운, 진정성 있는, 꾸준한, 신중한, 진취적인, 도량이 넓은	양심적인, 차분한, 능력 있는, 귀 기울여 주는, 점잖은, 물욕이 없는, 남은 높이고 나는 낮추는, 호감이 가는, 성숙한, 자제력 있는,
미국인 · 영국인	겸허한, 배려심 있는, 잘난 체하지 않는, 수줍음을 타는	정직한, 호감이 가는, 교만하지 않은, 다른 사람의 관심 받기를 꺼리는, 평범한, 품위 있는

　요약해 보면, 중국인들은 한국인들처럼 대인관계적 측면을 중시하고
미국인/영국인들은 자기 내면의 측면을 중시하는 것으로 풀이된다.

　한국인의 겸손 통념에 대한 또 하나의 연구[6]에 따르면, 한국인의 겸
손 인식에는 세 가지가 포함되어 있다고 한다. 첫째는, '대인관계적 겸
손interpersonal modesty' 성향으로, 다른 사람들이 있을 때 나 자신을 좋
게 표현하는 것을 꺼리는 경향이다. 둘째는, 나 자신에게 무언가 장점
이 있더라도 그것에 대해 과시해서는 안 된다는 '사회적 바람직성social
desirability 추구'다. 마지막은, '겸허한 태도attitude of humility'로, 스스로 자신
을 낮추고 비우는 자세를 말한다. 이처럼 겸손modesty은 세 가지의 특성
을 모두 포함하고 있어, 개인 내적인 특징이 강조되는 '겸허humility'에 비
해 더 넓은 개념이다. 이 연구는 아직 명확하지 않는 겸손modesty과 겸허
humility의 의미를 구분한 데에 의의가 있다고 볼 수 있다. 그런데 겸손에
대한 연구를 말하는데 '겸허'의 등장이라니, 독자들은 여전히 어렵게 생

각할 수 있을 것이다.

1) 겸양과 겸허

사실, 우리가 이 두 개념을 포괄하여 겸손謙遜이라고 부르면서, 동시에 하위개념에 속하는 '대외관계적 측면'을 똑같이 '겸손'이라 부른다면, 그건 논리적으로 맞지 않는 일이다. 그래서 겸손의 대외관계적 측면을 내포하는 하위개념은 '겸양謙讓'으로, 내면적 측면을 내포하는 하위 개념은 '겸허謙虛'로 부르는 것이 적절하다고 본다. 물론 두 개념을 두부 자르듯이 명확하게 구분하는 것은 무리일 수 있음을 밝힌다. 앞으로 이 책에서는 설명의 편의를 위해서 두 개념을 구분할 필요가 있는 경우 겸양과 겸허라는 단어를 나누어 사용하고, 일반적 의미 또는 포괄적으로 쓰일 때는 겸손이라는 단어를 사용하고자 한다.

영어에서도 마찬가지로 'Modesty'와 'Humility(또는 Humbleness)'가 비슷하게 사용되고 있다. 포털 사이트의 영어사전을 검색해 봐도 두 단어의 의미가 '겸손'으로 비슷하다. 하지만 영어권 나라에선 그 사용되는 의미가 조금 다르다. 말의 맛이 다르다는 표현이 적절하겠다. Modesty는 Humility에 비해 상대적으로 대인관계적 측면이 더 내포되어 있으며, Humility는 Modesty보다 자기 인식과 마음을 비우는 내면적 측면이 더 내포되어 있다. 따라서 '남 앞에서 자신을 내세우지 않고 낮추거나 다른 사람을 높이는 태도'라는 뜻을 갖고 있는 동양적 겸손은 Modesty로 번역할 수 있고, '마음을 비우고 자신을 있는 그대로 바라보는 자세'라는 뜻을 갖고 있는 겸허는 Humility로 번역하는 것이 적절하다.

이제 겸양과 겸허의 차이를 정리하고자 한다. 둘은 바라보는 방향이 다르다. 겸양은 타인을 의식하는 태도로 타인의 눈높이에 맞추는 '사회적 에티켓'이나 예절에 가깝다. 반면에 겸허는 자기 스스로를 바라보며 낮추고 비우는 자세로 '내적 성찰'에 가깝다. 또한 겸양과 겸허는 판단 주체가 다르다. 겸양은 사회적 기준을 가지고 상대방이 판단하는 것이고, 겸허는 본인이 정해 놓은 주관적 가치 기준에 따른다. 겸양은 밖으로 나타나고 겸허는 안에서 작용한다. 〈생각의 지문〉(2023)의 저자 이동규는 겸손은 '머리의 각도가 아니라 마음의 각도다.'라고 말하며, 겸허의 중요성을 강조하고 있다. 그렇다고 겸양이 중요하지 않다는 것은 아니다. 겸허의 바탕 위에 겸양이 자리할 때 그것이 온전한 겸손이라 할 수 있다.

지금까지 비슷하지만 큰 차이가 있는 겸양과 겸허의 개념을 자세히 살펴봤다. 사실 개인의 마음과 행동을 구분해내기는 쉽지 않다. 본인의 마음도 잘 모르는데 어찌 남의 마음 속을 들여다볼 수 있겠는가. 어렵게만 느껴질 수 있는 겸양과 겸허에 대한 이야기를 어떻게 서술할까 고민하다, 흥미롭게도 기업 조직 내에서 겸양과 겸허가 어떤 역할을 하는지에 관한 연구가 있어 이를 소개한다.

2) 겸양과 겸허가 경영에 미치는 영향: 사례 연구

중국 푸단대Fudan University 경영대학원 펭Peng교수는 겸양과 겸허가 조직의 성과와 조직문화에 어떻게 영향을 미치는지 연구했다. 우리와 문화적 배경이 비슷한 중국 기업의 경영자 77명과 각각의 부하 서너 명씩 총 239명의 부하를 대상으로 한 연구[7]이기에 우리에게 시사하는 바가 크다고 여겨진다.

연구 결과를 요약하면 다음과 같다.

첫째, 리더는 물론 직원의 겸허는 조직 및 개인의 직무 성과에 플러스(+) 영향을 미치는 것으로 나타났다. 이는 직전에 중국과 독일에서 수행된 연구 결과와도 일치한다. 그러나, 뜻밖에도 겸양은 개인의 업무 성과와 관련이 없는 것으로 나타났다. 펭 교수는 그 이유가 겸허와 겸양이 서로 다른 동기에서 비롯되고 매우 다른 행동 징후를 보이기 때문이라고 한다.

둘째, 겸허는 혁신 행동innovative behavior에 플러스(+) 영향을 주는 반면, 겸양은 마이너스(-)영향을 주고 있음을 발견했다. 이 연구 결과는 상사 평가 및 자기 평가 모두에서 동일하게 나타났다. 이는 조직의 혁신에 있어서 방어적 인상 관리, 즉 부정적인 인상을 감추는 노력을 내포한 겸양이 하나의 장벽이 될 수 있음을 시사한다. 혁신이 조직의 성공을 위한 핵심 요소 중 하나라는 점을 감안할 때, 직원의 겸허를 장려할 수 있는 문화가 조성되어야 하고, 겸양을 중시하는 겸손 문화는 배척되어야 한다는 것을 시사한다.

마지막으로, 겸허와 겸양이 조직시민행동organizational citizenship behavior(공식적인 업무수행과 무관하게 조직구성원이 다른 조직 구성원이나 조직을 위해 자발적으로 행하는 행동)에 미치는 영향을 조사했는데, 예상했던 대로 겸허가 직장 내 협력 및 진언進言하는 것과 긍정적인 관련이 있음을 발견했다. 이는 중국, 미국, 독일 표본과도 일치한다. 하지만 뜻밖에도 겸양은 조직 내에서 진언하는 것과 관련이 없다는 것을 발견했다.

우리는 이러한 연구 결과를 통해 겸양과 겸허가 비슷한 듯 다른 개념이고, 조직에는 정반대의 영향을 미친다는 것을 확인하게 되었다. 이를 확대 적용하면, 겸양을 중시하는 우리의 문화적 규범이 조직의 혁신을 저해할 수도 있다. 따라서 조직의 리더들은 겸허의 중요성을 새롭게 인식하고 이를 장려하는 조직 문화를 조성할 필요가 있다.

2.
겸손의 3가지 유형
(관계적/지적/초월적)

우리는 사는 동안 다양한 영역에서 겸손의 필요성을 깨닫곤 한다. 일반적으로, 대인 관계에서, 지식 탐구 또는 중요한 의사결정 과정에서, 또는 인간의 존재론적 한계에 부딪치는 경우다. 겸손을 연구하는 학자들 중 일부는 문화적, 종교적 관점을 겸손의 유형에 포함하기도 한다. 이 책에서는 우리가 겸손을 느끼게 하는 대상이 무엇인가(꼭 인간이 아닐 수도 있기에)에 따라 세 가지의 유형으로 나누고자 한다. 첫째, 타인(사회 포함)을 대상으로 하는 관계적 겸손Relational Humility. 둘째, 지식(진리)의 세계를 대상으로 하는 지적 겸손Intellectual Humility, 셋째, 절대적 존재 또는 이상적 세계를 대상으로 하는 초월적 겸손Transcendent Humility이다. 이렇게 겸손을 느끼게 하는 대상을 기준으로 유형을 나누는 작업은 우리가 복잡한 심리 현상인 겸손을 정확히 이해하는 데에 큰 도움이 될 것이다.

1) 관계적 겸손

　관계적 겸손Relational Humility이란, 개인이 '대인관계에서 자신의 성과나 장점을 과도하게 드러내거나 내세우지 않고 상대방을 존중하는 태도'를 의미한다. 결코 자신을 비하하거나 자신의 가치를 낮게 보는 것이 아니다. 그러한 지나친 겸손은 '비굴servility'에 속한다. 반대로 지나친 자기과시는 '오만arrogance'이다. 관계적關係的 겸손은 건강한 인간관계를 유지하고 갈등을 줄이며, 사회와 조화를 이루는 데 중요한 역할을 한다. 겸손은 사람의 심리와 그에 따라 나타나는 행동 특성이기 때문에 사회적 존재로서 한 개인의 성공은 물론 심리적 안정과도 직결된다. 그래서 관계적 겸손을 단순히 처세 측면으로만 볼 것이 아니라, 심리학적 차원에서 바라볼 필요가 있다. 겸손의 심리는 2부 〈심리학으로 풀어본 겸손〉에서 자세히 다룰 예정이다.

　다음으로, 우린 앞선 내용에서 겸양과 겸허의 개념을 이해했으니, 실제로 겸손한 사람들에게서 이 두 가지가 어떻게 나타나는지 알아보고자 한다.

──────── • 관계적 겸손의 사례. 4가지 • ────────

　이미 세상을 떠난 동서양 위인들의 좋은 사례는 무수히 많다. 그러나 우리가 당시 시대 상황을 잘 알 수 없고, 전해오는 그들의 단편적인 언행만을 기준으로 판단하기는 어렵다. 그렇다고 우리와 동시대를 살고 있는 인물 중 겸손한 사람으로서 성공적이고 존경받는 삶을 산 예를 찾기도 쉽지 않다. 왜냐하면 그들은 자신을 많이 드러내지 않기 때문이다. 독자들께서는 아래 사례를 읽으면서 겸양과 겸허 두 측면을 헤아려 보기 바란다.

첫 번째 사례, A 변호사

A 변호사는 사법기관의 최고위직을 끝으로 공직을 마쳤다. 그가 몸담았던 법조계는 물론 언론계에서도 그분의 삶을 높게 평가하며 존경하고 있다. 이 시대에 보기 드문 겸손의 표상으로서 그분의 일화들을 간단히 소개하고자 한다.

그는 공직을 마치고 나면 변호사로서 수임 활동을 하지 않고 일정 기간 무료 법률 상담을 하겠다고 선언한 적이 있는데, 그 약속을 지켰다. 법조계 안팎에서는 그의 실천을 '아름다운 약속'이라며 높이 평가한다. 맹자(孟子)는 무항산 무항심(無恒産 無恒心)이라고 했다. 즉 '무릇 생활이 안정되지 못하면 올바른 마음가짐을 유지하기 어렵다'는 뜻이다. 이렇듯 보통 사람은 이를 지키기 어려운 게 엄연한 현실이다. 그런가 하면 그는 공직을 떠나서도 수차례 국가의 부름을 받았다. 그러나 자기보다 더 역량과 경륜이 풍부한 사람이 많고, 사법부에서 잔뼈가 굵은 사람이 행정부에서 일하는 것은 삼권분립의 정신에 어긋난다는 이유로 극구 사양했다. A 변호사는 평소에 늘 후배들에게도 상석을 양보한다. 상석의 기준이 장소에 따라 다르지만, 대개 윗사람이 앉는 것이 편하고 대화하기가 적절한 곳을 상석이라 부른다. 그러나, 그는 언제나 상석의 기준을 누가 더 높은 자리에 있느냐로 구분하지 않고 그저 상대가 편한 곳이 상석이라고 생각한다.

그는 건강을 위해 골프를 즐겨 하는데, 라운딩 도중 공이 치기 어려운 러프나 벙커에 빠질 경우, 동반자들이 나이를 고려해 옮겨주더라도 아무 말없이 공을 제자리에 옮겨 놓고 웃으면서 다시 친다. 그렇다고 동반자에게 그렇게 하길 요구하지는 않는다. 그저 스코어에 연연하지 않고 룰을 지키며 동반자들과 즐겁게 골프를 즐긴다. 한 동반자는 처음에 불편한 느낌을 가졌지만 그의 겸허한 행동에서 감화를 받아 이를 삶의 지침으로 삼았고 이후 자신의 골프 실력도 한층 향상되었다고 회고했다. A변호사는 진정으로 신독(愼獨)[8]을 실천하고 있다.

두 번째 사례, 노벨상 수상자, 다나카 고이치(田中耕一)

그는 2002년에 평범한 샐러리맨으로 노벨 화학상을 받아 세상을 놀라게 했던 인물이다. 일본 시마즈 제작소의 다나카 고이치(田中耕一)씨가 대한화학회 초청으로 방한했을 때 일이다. 그는 주최한 학회에서 예우로 특급호텔을 예약했으나 이를 사양하고 일급 호텔에 투숙했으며, 식사도 일반 식당에서 하고 왕복 항공비 외의 초청비는 모두 사절했다. 다나카 씨는 방한 기간 중 전공 분야에 대한 강연과 토론 외에는 일체의 공식 인터뷰는 물론 사진 찍기마저 극구 사양할 정도로 조심스럽고 조용한 모습을 보여줬다. 그는 기자들의 질문 공세를 받고 이렇게 말했다.

"제 전공 분야 이외의 질문을 받으면 스트레스를 많이 받습니다. 특히 노벨상을 받으려면 어떻게 교육해야 하느냐는 질문과 같은 게 대답하기가 가장 어렵습니다."

그는 "대중 앞에 자꾸 나를 드러내다 보면 연구를 제대로 못하고 일찍 은퇴할 수밖에 없습니다."라는 말과 함께 "유명세를 타지 않아야 70~80세까지 연구원으로 현장에 남을 수 있습니다."라고 말했다.

수상 후에는 노벨상 수상자로서의 예우로 승진을 권유했으나 이를 사양하고 평연구원으로 있기를 원했다. 하지만 주변의 권유를 물리치지 못하여 이사 대우를 받는 연구자로 계속 남았다.[9]

세 번째 사례, 겸손한 CEO들

〈좋은 기업을 넘어 위대한 기업으로(Good to Great)〉(2001)의 저자인 짐 콜린스(Jim Collins)는 '포천(Fortune) 500'에 등장한 많은 기업 중에서 '좋은 기업을 넘어 위대한' 기업으로 발전하는 요인이 무엇인지 5년 동안 조사했다. 그는 마침내 '좋은 회사에서 위대한 회사로 도약한(good-to-great)' 기업들 11개를 찾아냈다. 이들 회사는 15년 간의 누적 주식 수익률이 시장 평균의 최소 3배에 달했다. 15년을 선택한 것은 한 상품의 히트에 따른 기적이나 행운이 15년까지 계속되지 못하기 때문이다.

또한, 시장 평균의 3배라는 기준을 선택한 것은 가장 널리 알려진 거대 기업들의 실적이 대부분 그에 미치지 못하기 때문이라 할 수 있다.

그 11개 회사는 서킷 시티(Circuit City), 질레트(Gillette), 킴벌리 클라크(Kimberly-Clark), 필립 모리스(Philip Morris), 월그린즈(Walgreens), 웰스 파고(Wells Fargo) 등이다. 이 기업의 CEO들은 더할 수 없는 겸손함을 보이고, 나서기를 싫어하며, 말수가 적고, 내성적인 데에다 부끄러움까지 탔다. 하지만 그들은 강철 같은 직업적 의지를 겸비했다. 콜린스는 이러한 리더십을 '다섯 번째 단계의 리더십(Level 5 Leadership)'이라 불렀다. 그에 반해, 비교 기업들의 3분의 2에는 개인적인 자아가 지독히 강한 리더들이 있었다. 그들은 회사를 망하게 하거나 계속해서 평범한 기업으로 남게 만드는데 기여했다. 참고로 짐 콜린스의 리더십 피라미드 그림을 소개하면 다음과 같다.

레벨5 리더십 피라미드

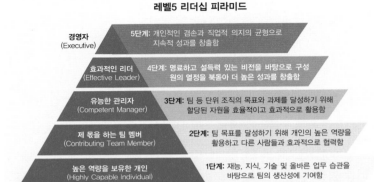

경영자
(Executive)
5단계: 개인적인 겸손과 직업적 의지의 균형으로 지속적 성과를 창출함

효과적인 리더
(Effective Leader)
4단계: 명료하고 설득력 있는 비전을 바탕으로 구성원의 열정을 북돋아 더 높은 성과를 창출함

유능한 관리자
(Competent Manager)
3단계: 팀 등 단위 조직의 목표와 과제를 달성하기 위해 할당된 자원을 효율적이고 효과적으로 활용함

제 몫을 하는 팀 멤버
(Contributing Team Member)
2단계: 팀 목표를 달성하기 위해 개인의 높은 역량을 활용하고 다른 사람들과 효과적으로 협력함

높은 역량을 보유한 개인
(Highly Capable Individual)
1단계: 재능, 지식, 기술 및 올바른 업무 습관을 바탕으로 팀의 생산성에 기여함

※출처: J. Collins (2001), Good to Great: Why Some Companies Make the Leap... and Others Don't (New York: HarperCollins), p. 20.

네 번째 사례, SK의 기업관

회사와 구성원 간의 관계는 상호 존중과 협력을 기반으로 한 공생적 관계라고 할 수 있다. 이는 회사와 구성원이 서로의 가치를 인정하고, 공동의 목표를 위해 협력하며, 동시에 각자의 성장을 추구하는 관계인 것이다. 구성원들이 기업을 어떻게 보느냐를 뜻하는 기업관(企業觀)이 특별한 기업이 있다. 바로, SK그룹이다.

"기업은 영구히 존속·발전하여야 하고, 기업에서 일하는 구성원은 이를 위해 일정기간 기여하다 떠나는 것이다."[10]

이는 SK그룹의 경영 이념과 실천 방법론을 담은 〈SK경영관리체계(SK Management System, SKMS)〉 중 '기업관'을 설명하는 문장이다. 현재 SKMS는 내용이 간소화되면서 기업관 문구는 제외되었지만, 여전히 그룹의 경영 철학 속에 녹아 있다. 다음은 이 기업관을 제정할 당시에 고(故) 최종현 회장과 임직원이 토론한 내용 중 한 일화[11]이다. 또한 최회장은 1989년에 SUPEX(Super Excellent Level의 줄임말로 인간의 능력으로 도달할 수 있는 최고의 수준) 추구 개념을 실무에 적용하기 위해, 회사마다 하나의 조직 단위(사, 부문, 부, 과)를 토론 그룹에 참여시켜 격의 없는 토론을 벌였다. 그때 ㈜유공(현, SK이노베이션)의 국제금융과장이었던 나는 담당 과(課)의 수펙스(SUPEX) 수준 및 그 실행 방안을 발표하고 토론에 참여한 바 있다.

직원 1: 회장님의 뜻은 이해합니다만, 왜 하필 떠나야 한다는 말을 넣어 구성원들
         을 위축되게 해야 합니까? 잘 구슬려서 열심히 하도록 해야 할 텐데요.

최 회장: 떠나야 한다는 말이 틀린 말인가요?

직원 1: 임직원들이 생각하기에는, 오너(Owner)는 지속적으로 군림하면서 종업원
         들만……

최 회장: 여러분은 구성원이 누구를 지칭한다고 생각하나요?

직원들: ……

최 회장: 나, 그러니까 회장도 구성원일 뿐입니다. 그러면 됐나요?

직원들: 그래도 어쨌든 떠나야 한다는 어감이……

이렇듯 기업과 그 구성원의 관계를 규정하는 이와 같은 선언에 대하여는 이후 이러저러한 많은 논란이 있었는데, 그 주요 쟁점은 왜 굳이 '떠나는 것이다'라는 명시적 표현을 넣어 구성원을 자극할 필요가 있느냐 하는 것이었다. 그러나, 최 회장은 이런 기업관을 같이 하는 사람들이 모여서 기업을 하자고 다음과 같이 역설했다.

'(회장을 포함하여 모든 구성원은 인간으로서 이기적 존재이지만) 기업에서 일하는 사람은 자기발전과 함께 기업발전을 이루어야 하고, 자기만을 위한 기업활동을 해서는 안 된다.'

'기업발전에 더 이상 기여할 수 없다고 생각될 때는 스스로 기업을 떠나야 하며, 이 원칙은 상위 직에 올라 갈수록 더 잘 지켜야 한다.'

'반면에 기업은 기업의 존속, 발전을 위해 온 힘을 다하여 기여한 구성원을 그 기여도에 따라 직접, 간접으로 우대하여야 하며, 기여를 마친 구성원이 스스로 떠나는 때에는 그에 대한 퇴직관리를 철저히 해야 한다.'

어떤 이들은 이 일화를 보고 직원들의 입장에 완전 동감할 수도 있을 것이다. 하지만 기업은 영어로 'going concern'이다. 이는 '기업은 영구히 존속 발전하는 존재'라는 뜻이다. 누구나 언젠가 떠나는 것은 너무도 당연하다. 구성원 입장에서는 굳이 '떠난다'고 명시하는 것이 불편할 뿐이다. 이러한 명제 아래에서 일정 기간만 머무를 수밖에 없는 우리는 자신이 속한 기업을 겸허한 자세로 바라볼 필요가 있음을 암시하고 있다. 동시에 회사도 구성원들에게 같은 자세를 보여야 한다. SK의 경우, 구성원의 발전과 기업의 발전을 동시에 추구한다는 점에서 구성원에 대한 존중과 겸손이 묻어 있다. SK의 기업관은 현실 인식을 바탕으로 한 솔직한 선언이라 할 수 있다.

사실, 기업과 구성원의 관계는 생물체와 그 생물체를 이루는 세포의 관계와 같다. 우리 개인이 자연의 법칙에 의해 탄생한 인격체라면, 기업은 회사법에 의해 탄생한 인격체이다. 우리 몸을 이루는 세포는 끊임없이 소멸되고 새로 생성된다. 각 세포는 각자 맡은 고유한 역할을 하는데, 그 역할 수행에 필요한 힘을 잃거나 손상을 입으면 죽어준다. 다시 말해, 전체 개체가 정상적인 상태를 유지하기 위해 세포가 스스로 죽는 것이다. 이를 '세포 자살(에이폽토시스, Apoptosis)'이라 부른다. 에이폽토시스는 생물 개체의 보존과 결속을 위해 꼭 필요한 과정이다. 이 에이폽토시스를 결정하는 것은 미토콘드리아(mitochondria)다. 미토콘드리아는 세포의 에너지 요구에 반응하여 DNA를 복제하고 분열한다. 세포의 에너지 요구량이 높아지면 미토콘드리아는 신장하여 분열하고, 에너지 요구량이 낮아지면 미토콘드리아는 파괴되거나 불활성화 상태가 된다. 이처럼 사라지는 세포의 역할을 새로운 세포의 생성으로 감당하지 못하면 그 개체는 죽음에 이른다.

그런데, 에이폽토시스 과정에 문제가 있는 세포의 경우에는 자살하지 못하고 암세포로 변하여 무한 증식하게 된다. 그래서 항암 치료에서 에이폽토시스 유도는 중요한 역할을 하기도 한다. 암세포는 주위 세포들의 영역을 침범하고 정상 세포들을 짓누른다. 암세포에 짓눌린 세포들은 제대로 살지 못하고 죽게 되며 결국 장기 전체가 망가지게 된다. 기업에도 암적인 존재는 있다. 그들은 타인의 영역을 존중하지 않고 자기만을 내세우고, 흐름과 변화를 받아들이지 못하며 고집을 부리기 때문에, 결국 전체를 무너뜨리고 자기 스스로도 파멸하고 만다.[12] SK사례는 기업과 개인 간에 바람직한 관계가 무엇인지를 겸손의 맥락에서 다시 되돌아보게 한다.

2) 지적 겸손

지적 겸손Intellectual Humility은 관계적 겸손과 비슷하면서도 다르다. 관계적 겸손은 사회적 관계를 의식하여 스포트라이트를 피하거나, 자신의 성취에 너무 많은 주의를 기울이지 않으려는 것이다. 반면, 지적知的 겸손은 자신의 무지와 지적 오류 가능성을 인식하는 데 중점을 둔다. 달리 말해, 관계적 겸손이 남 앞에서 어떻게 처신하느냐 라면, 지적 겸손은 자기를 어떻게 평가하느냐에 가깝다. 지적 겸손은 앞에서 살펴본 겸허 및 영어의 'Humility'에 가까운 개념이다.

먼저, 지적 겸손의 바탕을 이루고 있는 서양의 겸손Humility을 알아볼 필요가 있다. 현대에 들어와 겸손을 연구하는 학자들이 많지만 그중 대표적인 정의를 소개한다. 미국 조지 메이슨대George Mason Univ. 심리학과 준 프라이스 탱니June Price Tangney 교수는 현대의 일반적 겸손의 특성을 다음과 같이 기술하고 있다.[13]

첫째, 겸손한 사람은 자신의 능력과 성취에 대해 정확히 이해하고 있다.

둘째, 겸손한 사람은 자신의 실수, 불완전함, 한계를 인정하며 자기 중심적이거나 방어적이지 않다.

셋째, 겸손한 사람은 새로운 생각, 상반되는 정보, 충고에 대해 개방적 사고를 지닌다.

넷째, 겸손한 사람은 자기 비판적 또는 자기 비하적 태도가 아닌, 균형적이고 객관적인 태도로 자신을 바라보고 수용한다.

다섯째, 겸손한 사람은 자기 초월적이다. 자신은 거대한 우주의 일부에 불과하며, 자기 지향적이기보다 타인 지향적인 성향을 보인다.

마지막으로, 겸손한 사람은 세상 모든 것이 소중한 존재일 뿐만 아니라, 각자가 세상에 기여하는 방법이 다양하다는 점을 인식한다.

어떠한가. 우리의 국어 사전에 기술된 겸손의 정의인 '남을 존중하고 자기를 내세우지 않는 태도'와 비교할 때, 사뭇 다르다는 것을 알 수 있을 것이다. 이처럼 지적 겸손은 서구의 일반적 겸손 개념에 바탕을 두고 있다. 미국 듀크대Duke Univ. 성격심리학자 마크 리어리Mark Leary는 지적 겸손의 핵심을 이렇게 말한다.

"단순히 당신이 믿는 것들이 실제로 틀릴 수도 있다는 것을 인정하는 것이다."

즉, 지적 겸손은 자신의 지식에 부족함이 있고 자신의 현재 믿음이 틀릴 수 있음을 인식하는 것을 포함한다. 예를 들어, 어떤 사람은 비가 온다고 생각하지만 밖을 내다보지 않은 상황에서는 태양이 빛나고 있을 수도 있다는 것이다. 또한 미국 호프 칼리지Hope College 심리학과 교수인 대릴 반 통게렌Daryl R. Van Tongeren은 일반적 겸손과 지적 겸손을 이렇게 구분한다.[14]

"일반적 겸손은 자신에 대한 정확한 견해와 이기주의를 조절하고 타인 지향적인 자세를 배양하는 능력을 포함하고, 지적 겸손은 자신의 지적 강점과 한계에 대한 정확한 견해를 갖고 공정하고 원만한 방식으로 아이디어를 조정하는 능력을 지칭하는 겸손의 하위 영역이다."

    이제 지적 겸손이 우리에게 얼마나 중요한지를 알아보고자 한다. 일찍이 플라톤[15]은 지식에 대한 인간의 오류를 최소화하기 위해 지식을 정의하는 세 가지 조건을 아래 그림처럼 제시했다. 요즘과 같이 인터넷과 AI 등 정보통신 기술의 발전으로 가짜 뉴스가 성행하는 상황에서는 참 지식의 필요조건을 상기해 볼 만하다. 다시 말해, 우리는 무언가가 참되고, 그것이 참되다고 믿으며, 그것이 참되다고 믿을 만한 충분한 이유가 있을 때 지식을 갖게 된다.

참된 지식을 정의하는 세 가지 필요조건[16]

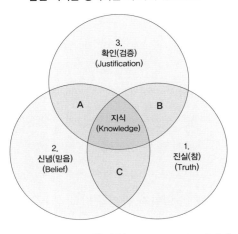

지식: 확인된 진실에 대한 믿음(JTB: Justified True Belief)

A: 진실 오해(Mistaken) 믿을 만한 이유가 있으나 진실이 아님
B: 진실 부정(Denial) 검증된 진실임에도 믿지 않음
C: 운좋은 추측(Lucky guess) 제대로 확인하지 않았지만 진실인 생각

※출처: https://www.plato.stanford.edu〉entries〉knowledge-analysis. The Analysis of Knowledge Stanford Encyclopedia of Philosophy/summer 2018 Edition.

JTB는 지식을 갖기 위한 필요조건이지만 충분조건은 아니다. 1963년 에드먼드 게티어Edmund Gettier는 JTB가 단순한 운에 의해 얻어질 수도 있고 인간의 인식의 한계 때문에, 확인 근거의 검증 없이는 참된 지식이 될 수 없다고 주장했다. 다시 말해, JTB가 지식의 필요조건이지만 충분조건은 아니고 추가적인 조건이 요구된다는 것이다. 이에 관한 논의는 이 책의 범위를 넘기 때문에, 관심 있는 독자는 위 출처를 참고하기 바란다. 하지만 가짜 뉴스와 딥 페이크가 심화되고 있는 요즘 시사하는 바가 매우 크다.

한편, 사람들은 이해관계가 적은 상황에서는 자신이 가진 식견의 한계를 쉽게 인정할 수 있다. 그러나, 이해관계가 클 때는 지적 겸손을 보일 가능성은 적다. 다시 말해, 사람들은 자신의 정치적, 종교적, 윤리적 가치가 도전을 받게 되면, 지적으로 겸손하게 행동하지 않을 수도 있다. 따라서, 지식의 한계를 인정하는 것은 사람들이 독단적이며 편향된 성향을 갖지 않도록 하는 데 도움을 주며, 지적 겸손은 자신의 실수와 편견으로부터 자신을 보호할 수 있는 방법을 제공한다. 바야흐로 이 시대는 지적 노동의 시대다. 과학 기술이 급속도로 발전하고 산업은 더욱 복잡하고 다양하게 서로 얽혀 있다. 개인은 물론 기업의 의사결정은 이러한 복잡성과 다양성을 고려해야 하는 만큼 갈수록 어려워지고 있다. 바로 지적 겸손이 더욱 더 필요한 시점이다. 글로벌 금융서비스 회사인 〈찰스 스왑Chales Schwab〉의 CEO 월트 베팅거Walt Bettinger는 하버드 비즈니스 리뷰와의 인터뷰에서, 다음과 같이 말했다.[17]

"성공한 경영자와 그렇지 못한 경영자의 차이점은 그들이 내리는 의사결정의 질이 아닙니다. 각 경영자의 의사 결정 중 보통 60%는 올바른 것이며 40%는 잘못된 것입니다. 그 비율이 55% 대 45%일 수도 있습니다. 성공한 경영자는 남들보다 빨리 잘못된 의사결정을 인식하고 조정하는 반면, 실패하는 경영자는 종종 잘못된 결정에 집착하고 자신이 옳았다는 사실을 사람들에게 설득하려고 노력한다는 것이 이들의 차이점입니다."

또 하나의 세계적인 기업, 구글Google이 직원을 채용할 때 주목하는 부분은 외형적인 '스펙spec'이 아니라 '소프트 기술soft skills' 이라고 한다. 그것은 학습능력Ability to learn, 리더십Leadership, 지적 겸손Intellectual humility, 주인의식Ownership, 전문성Expertise 다섯 가지다. 구글의 인사담당 임원 라슬로 바크Laszlo Bock는 뉴욕 타임즈와의 인터뷰[18]에서 학습 능력이란 서로 다른 정보를 한데 모아 즉석에서 처리할 수 있는 능력을 말하며, 이는 전문성보다 중요하다고 한다. 또한 그는 겸손하지 않으면 배울 수 없다고 말하며, 성공한 똑똑한 사람들은 실패를 거의 경험하지 않기 때문에 그 실패에서 배우는 방법을 모른다고 했다. 그리고 지적 겸손은 한 걸음 물러서서 다른 사람들의 더 나은 아이디어를 포용함으로써, 다른 사람들이 기여할 수 있는 공간을 만드는 것이라고 했다.

・ 지적 겸손의 사례, 4 가지 ・

첫 번째 사례, 이황과 기대승의 논쟁

퇴계(退溪) 이황(李滉) 과 고봉(高峰) 기대승(奇大升)은 인간의 도덕적 본성과 실질적인 감정 중 어떤 것이 우선하는지를 두고 논쟁을 벌였다. 퇴계는 이성(理性)이 감정보다 우선한다고 주장한 반면, 고봉은 그 어느 것이 우선하는 게 아니고 두 개가 서로 융합되어 나타난다고 주장했다. 그 역사적 스토리는 이렇다.

1558년 어느 가을날, 두 사람의 역사적 만남이 이루어진다. 고봉은 과거에 막 급제한 지 얼마 안 된 신인, 퇴계는 당대 최고의 성리학자로 성균관 대사성. 오늘날로 보면 이제 막 소위로 임관한 장교와 사관학교 교장의 만남이다. 고봉의 나이 서른두 살, 퇴계의 나이 쉰 여덟. 무려 스물여섯의 나이 차다. 그때, 퇴계는 기대승을 내치지 않고 그의 이야기를 차근차근 듣는다. 이것이 그 유명한 '사단칠정 논쟁'이다.

우리는 여기서 잠시, 퇴계 이황과 고봉 기대승의 스토리를 이해하기 위해선 사단칠정(四端七情)에 대해 알아야 한다(p.47, '잠깐의 지식사전' 참조). 먼저, 유가에서는 인간의 네 가지 본성에서 우러나오는 마음(사단, 四端)을 이(理)라고 하고, 일곱 가지 감정(칠정, 七情)을 기(氣)라고 한다. 퇴계는 사단은 선한 본성이고, 칠정은 선과 악이 섞여 있으며, 이가 기를 움직인다고 봤다. 그러나, 고봉은 사단이나 칠정이 모두 똑같은 인간의 감정이므로 본질적인 차이가 없고 어느 감정에나 이와 기가 함께 머물러 있는 것으로 봤다. 이후에도 7년간 백여 통의 편지를 주고받으며 논쟁을 벌인다. 결국, 두 사람은 서로의 의견을 귀담아듣고 조금씩 보충해 나가는 것으로 마무리한다. 이윽고 퇴계는 고봉의 비판적 의견을 수용하여, 사단은 이가 중심이 되어 실현되고 칠정은 기가 중심이 되어 드러난다는 타협안을 제시한다. 다시 정리한

퇴계의 사단칠정론은 이렇다.

「사단과 칠정은 모두 정입니다. 같은 정이지만, 왜 다른 이름을 갖고 있는지요? 그
차이는 강조점에 있습니다.」[19]

이러한 논쟁의 과정에서 자기 논리에 미비점이 있음을 인정하고 상대방의 의견
을 수용하는 자세야말로 진정한 지적 겸손의 모습이라 할 수 있다. 또한, 퇴계가
자기의 의견을 제시할 때는 겸양하게 이런 식으로 편지를 썼다.

「「보내주신 글을 받고 곧장 제 생각을 전하고자 하였으나, 제 의견이 반드시 옳고
의심할 바 없다는 확신이 서지 않아 오랫동안 숙고하였습니다. (중략). 이에 부족한
소견을 적어 올리오니, 가르침을 전해 주시길 바랍니다.」[20]

퇴계 이황은 생애에 많은 관직을 제의 받았으나 대부분 고사했으며, 풍기군수
재직 시절 우리나라 최초의 서원인 소수서원(紹修書院, 현재 경상북도 영주 소재)을 지
었고, 60세에는 고향에 도산서원(陶山書院)을 세우고 후학을 양성했다. 고봉 기대승
은 1572년 선조 5년 46세의 나이로 성균관 대사성에 임명되었으나 그해 10월 관직
을 그만두고 광주로 귀향했고 병을 얻어 세상을 떠났다.

• 사단과 칠정 •

- **사단(四端):** 사람의 본성에서 우러나는 네 가지 마음.
  〈맹자〉에서 인(仁)에서 우러나오는 측은지심(惻隱之心, 다른 사람의 불행을 가엽고 불쌍하게 여기는 마음), 의(義)에서 우러나오는 수오지심(羞惡之心, 잘못을 부끄러워하고 악을 미워하는 마음), 예(禮)에서 우러나오는 사양지심(辭讓之心, 다른 사람에게 겸손하고 양보하는 마음), 지(智)에서 우러나오는 시비지심(是非之心, 옳고 그름을 가릴 줄 아는 마음)을 이른다. 맹자는 이를 성선설(性善說)의 근거로 삼았다.
- **칠정(七情):** 사람의 일곱 가지 감정으로 기쁨(희喜), 노여움(노怒), 슬픔(애哀), 즐거움(락樂), 사랑(애愛), 미움(오惡), 욕심(욕欲)을 이른다.
- **이(理):** 만물에 내재하는 본질과 원리를 일컫는다.
- **기(氣):** 이(理)에 대응되는 것으로 물질적인 바탕 및 현상적 세계를 일컫는다.

두 번째 사례, A 장관

정부 기관의 장으로 새로 임명되어 취임한 A 장관. 그는 업종 대표자들과 간담회를 가진 후 개별적으로 도움을 요청했다. 그는 외국에서 박사학위를 받고 세계적인 기업에서 대표이사 사장을 오래 역임했으므로 상당 수준의 전문성은 가지고 있었을 것이다. 그러나 자신이 경험해 보지 않은 새로운 분야의 업무에 관해서는 잘 모른다고 솔직하게 말하며, 관련 기업의 대표자들로부터 해당 분야의 업무 내용을 듣고 싶다고 했다. A 장관은 바쁜 공적 업무 일정으로 인해 낮에는 시간을 낼 수 없고, 아침 이른 시간으로 정할 수밖에 없다며 양해를 구했다. 국가적 정책을 관장하는 그의 진솔한 요청에 감동한 나머지, 업계 대표들 3~4명이 이른 아침에 부처 근처 식당에서 모여 관련 분야의 사업 내용을 설명하고 의견을 개진하며 건의하는 시간을 수차례 가졌다. A 장관은 보좌관도 대동하지 않고 혼자 참석하여 진지하게 의견을 나누었는데, 식사 도중에도 필요한 사항을 메모하고 질문하며 경청하였다. 몇 주 후에 부처 정책들이 발표되었는데, 조찬 자리에서 논의된 사항들을 많이 반영되었을 뿐 아니라 훨씬 발전적인 내용들로 구성되어 있었다.

이러한 조찬 모임은 A 장관의 부임 초기 몇 개월간 여러 번 진행되었는데, 이후 그가 관장하는 업무의 세부적인 내용 파악이 거의 완료되자 그동안 고마웠다는 감사 인사를 표했다. 당시 수립되었던 정책 지침 중에서 몇 가지 제도는 지금까지 잘 운영되고 있다고 한다. 그는 비교적 장기간 해당 부처에 재직하면서 관장 업무를 성과 있게 진행했다는 평을 받았고, 이후 민간 분야로 옮겨서 연구 개발과 후진 양성에 기여하고 있다.

세 번째 사례, B 사장

리더가 자신의 부족한 점과 지적 한계를 인식하지 못하고 다른 사람의 의견에 귀를 기울이지 않아 오판을 한 사례들은 많다. 그 중 하나를 소개하고자 한다.

2000년대 후반에 세계적으로 광물 값이 치솟고 광물 확보가 기업의 생존을 결정할 정도로 중요시되면서, 해외의 광물자원에 투자 붐이 인 적이 있다. 한 대기업의 B사장은 해외의 철광산에 수억 달러를 투자하였으나, 곧바로 이어진 광물가격 폭락과 투자처의 파산으로 원금은 물론 이자까지 모두 날리며 회사에 엄청난 손실을 입힌 바 있다. 문제는 투자 의사결정 과정에 있었다. 회사는 광물 채굴, 운반, 저장, 판매 등 경험이 없었고 단지 철강 제품을 수출한 경험 밖에 없었다. 또한 문제의 광산은 저개발 국가의 오지 중 오지에 위치하고 있고, 운송 및 항만 등 기반 시설도 전혀 없었으며, 장기 수요처마저 확보되지 않은 상황이었다. 모든 것이 생소한 사업에 거액을 투자한 것이다. 당연히 투자 의사결정 과정에 많은 회의가 열렸다. 회사의 최고재무책임자(CFO)를 포함하여 다수의 임원들은 투자의 위험성과 미래의 현금흐름 등을 면밀하게 따지며 투자에 부정적이었다. 하지만 B사장은 새로운 사업에 대해 모르기는 마찬가지였는데도 의사결정 참여자들의 반론을 귀담아듣지 않고 자신감과 미래에 대한 청사진으로 대규모 투자를 밀어 부쳤다.

그는 과거에 강력한 추진력으로 위기에 빠진 회사를 다시 일으켜 세운 공신이었다. 그러나 평소에 직원들의 말에 귀를 기울이지 않고 자신의 생각을 밀어 부치는 스타일이었다. 회사를 위기에서 건져냈던 리더가 다시 회사를 위기로 몰아넣은 셈이다. 리더의 지적 겸손이 얼마나 중요한지를 상기시켜주는 사례라 하겠다.

네 번째 사례, 지적 겸손을 표방한 기업들(샘표식품, 머스크 그룹)

우리가 오만한 기업의 사례는 많이 접할 수 있다. 그러한 기업들은 대개 망하게 되고, 그 과정에서 세인의 관심을 많이 끌었기 때문에 외부에 잘 알려져 있는 편이다. 그러나 겸손한 기업의 사례는 찾기가 어렵다. 왜냐하면, 겸손한 기업은 자신을 드러내지 않고도 자기의 본분을 다하고 있어 눈에 잘 띄지 않기 때문이다. 더군다나 겸손을 기업 이념이나 인재상으로 채택한 기업은 극히 드물다. 실제로 우리나라 10대 그룹의 경영 이념과 인재상에도 명시적으로 겸손이 기술되어 있지 않다.

기본적으로 겸손이라는 개념은 복잡한 의미를 내포하고 있고 때와 장소에 따라 해석이 달라질 수도 있기 때문에, 기업에서 구체적으로 행동 요령을 제시하기가 어려울 수 있다. 또한, 겸손이 겉으로 드러나는 부정적 이미지(이 책을 읽는 사람은 그렇게 생각하지 않겠지만)에서 치열하고 적극적인 인상을 주지 않을 수 있어 적극적이고 진취적인 행동을 장려하는 것에 배치될 수도 있다. 그러나 지적 겸손의 자세를 배척하는 기업은 결코 없을 것이다. 왜냐하면, 지적 겸손은 자신의 가치를 낮추는 것이 아니라, 자기를 객관적으로 보고 다른 사람의 지혜를 받아들이는 것이기 때문이다. 실제로 대부분의 기업에 지적 겸손이 명문화되어 있지는 않더라도, 지적 겸손의 자세는 경영 이념이나 경영원칙, 또는 인재상에 스며 있다.

나는 다행히 중견 기업으로서 80년 가까이 전통을 유지하고 있는 샘표식품을 발견할 수 있었다. 이 기업의 인재상엔 지적 겸손이 구체적으로 명시되어 있다. 또한, 해외 기업의 경우도 마찬가지로 찾기 어려웠지만 눈에 띄는 하나의 기업이 있었다. 현재 세계 2위 해운사인 덴마크의 A.P.몰러 머스크(A.P. Møller-Maersk)다.

샘표식품

겸손은 샘표식품의 인재상을 구성하는 세 가지 요소 중 하나다. 이 회사는 임직원에게 '열정 있는 사람' '겸손한 사람', '사심 없는 사람'이 되라고 요구한다. 이 회사는 지적 겸손의 효용 가치를 믿고 실행하고 있는 것이다.

인재상[21]

1	열정 있는 사람	• 최선을 다해 맡은 일에 몰두하는 자세
2	겸손한 사람	• 내가 모르는 것이 많다는 것을 스스로 인식하는 마음 자세를 가지고 있다.
		• 타인의 의견을 적극 경청하며 존중한다.
		• 타인에게 배우려 하며 끊임없이 개선하려고 노력한다.
3	사심 없는 사람	• '나'와 '너', 이런 생각보단, 합리적 판단만을 하려는 자세

더불어, 보다 정확한 이해를 위해 이 회사의 박진선 회장이 사장 시절 한 언론사와 인터뷰한 내용의 일부를 발췌하여 소개한다.[22] 박사장은 "스스로 겸손해지면 실력이 는다."고 주장했다. 겸손할 때 남의 이야기를 경청하고 자신의 입장에 대해서도 성의껏 설명하게 된다는 것이다. 그 과정에서 더 많은 것을 배우게 돼 결국 실력도 쌓인다는 이야기다. "그런데 왜 사람들은 대부분 겸손하지 않는 걸까요?"라는 질문에는 이렇게 대답했다.

"자신감이 없기 때문일 겁니다. 자신이 없는 사람은 남이 자기를 어떻게 보느냐가 중요합니다. 자신 있는 사람은 자기 모습, 삶의 방식에 대해 남들이 어떻게 생각하든 개의치 않죠. 사람들이 옷에 신경 쓰는 것

도 남의 시선을 의식하기 때문입니다. 남의 시선에서 자유로워지면 옷

차림부터도 자유로워집니다."

그가 이러한 겸손을 깨닫게 된 계기는 그가 미국 유학 시절 읽은 플라톤의 두터운 책 〈플라톤의 대화〉에 나오는 한 문장이었다. '내가 아는 유일한 것은 내가 아무것도 모른다는 사실이다.' 그 문장을 읽는 순간 벼락이 자신의 몸을 통과해 지나가는 듯한 극심한 충격을 받았다고 한다.

머스크 그룹(Maersk)

1904년 설립된 덴마크의 A.P.몰러 머스크(A.P. Møller-Maersk)는 현재, 전 세계 해운 물동량의 15% 이상을 차지하고 있고 선박 수 기준으로 스위스 MSC에 이은 세계 2위다. 120년의 기업 역사에 뿌리내린 경영 이념을 다섯 개의 핵심 가치에 담아 2003년 명문화했다. 특이한 것은 그 핵심 가치에 겸손(Humbleness)이 포함되어 있고, '겸손'과 '겸손이 아닌 것'을 구체적으로 명시하고 있다는 점이다. 이 회사는 2000년대 후반 해운업계의 혹독한 침체기를 맞아 과감한 구조조정을 거쳤지만, 5대 핵심가치[23]는 그대로 유지하고 있다. 아래에 기술된 겸손과 비겸손(非謙遜)의 정의는 현재 이 회사의 사이트에 남아 있지는 않다. 그 이유는 알 수 없지만 이전에는 공개되었던 자료임을 밝혀둔다. 아마도 이 기업의 구성원들은 다소 어려운 겸손의 개념을 누구보다 명확히 이해할 수 있고 또 실행하기가 쉬울 것이며, 겸손에 대한 내부의 평가 기준도 객관적으로 정립되어 있을 것으로 판단된다. 독자들에게도 이 사례가 현실적이고 실천적인 겸손의 의미를 이해하는 데 도움이 되길 기대한다.

머스크의 핵심 가치 5가지[24]

1. 끊임없는 개선추구

2. 경청, 배움, 나눔, 배려의 겸손

3. 가족과 팀으로서의 구성원

4. 신뢰받는 진정성

5. 우리의 사명에 충실

겸손(Humbleness)의 4가지 키워드

경청(Listening), 배움(Learning), 나눔(Sharing), 배려(Giving space to others)

"다른 사람들에게 가치를 창출해주기 위해 우리는 경청하고, 배우며, 공유한다. 우리는 끊임없는 호기심과 열린 마음, 그리고 다른 시각을 존중하는 자세로 항상 우리 서로와 우리 고객, 그리고 우리를 둘러싼 세상에 대해 배우고자 노력한다. 우리는 오직 다 같이 함께할 때 성공에 이를 것이다."

—머스크의 홈 페이지에서 겸손을 설명하는 글 中

겸손이 뜻하는 것

신뢰를 보여주고, 권한과 재량을 부여하는 것
꾸준히 배우려는 마음의 자세
경쟁자나 다른 이해관계자들을 절대 과소평가하지 않는 것
우리들 자신의 한계와 실수를 받아들이는 것

우리 자신의 자만심을 통제하는 것
나'보다 '우리'를 우선에 두는 것
다른 사람들을 이해하고 존중하는 것
우리의 고객에 귀 기울이고 이해하는 것
경청하고, 나누고, 마음을 여는 것
성공을 함께 축하하고 나누는 것

겸손의 뜻이 아닌 것

우리 자신의 잠재적 경쟁우위에 대해 강한 확신을 갖지 않는 것
현실에 안주하거나, 오만 또는 자만하는 것
무작정 복종적이거나 우유부단함
가짜 겸손
성공을 축하하지 않는 것
개인 각자의 목표의식을 갖지 않는 것
눈에 띄는 행동을 꺼려하는 것
자신감이 없는 것

이제 2019년 6월에 있었던 AP몰러 홀딩스 이사회 의장, 아네 머스크 맥키니 우글라(Ane Mærsk Mc-Kinney Uggla)의 인터뷰[25] 내용 중 일부를 소개하고자 한다. 그는 다음과 같이 말했다.

"우리는 자신이 세계 최고라는 생각을 삼가야 합니다. 우리는 특정 분야에서 숙련되어 있지만 결코 현실에 안주해서는 안 됩니다. 실수는 일어날 수 있습니다. 그러나, 우리는 그 실수로부터 배워야 하고 그런 일이 반복되지 않아야 합니다. 어느 분야 든 오늘날의 시장은 점점 더 복잡해지고 예측하기 어려워지고 있습니다. 이와 같은 상황에서 우리의 핵심가치는 우리가 붙잡아야 할 난간입니다. 이 가치들은 간단 명료하고 공감하기 쉬워야 하며 복잡한 세상에서 꾸준해야 합니다. 또한, 단기적으로 수익이 적어 보일 수 있어도 장기적으로 건전한 선택을 하십시오. 우리의 핵심가치는 항상 이러한 결정에 필수적인 역할을 할 것입니다. 그리고, 약삭빠르게 행동하지 마십시오. 우리의 가치에 동의하지 않는다면 다른 직장을 찾아야 합니다. 돈이 전부가 아닙니다."

3) 초월적 겸손(Transcendent Humility)

앞에서 살펴본 관계적 겸손과 지적 겸손은 상대적 관점에서 바라본 겸손이다. 그러나, 자신을 다른 사람들과 비교할 때 자신의 기량, 재능, 지식이 아무리 대단해도 그것은 상대적일 뿐이다. 더군다나 우리의 개인적인 역량은 무제한으로 사용할 수 없다. 우리 인간은 필멸의 존재다. 예외 없이 생로병사의 과정을 거친다. 또한 살면서 뜻하지 않은 사고와 불행을 겪기도 한다. 우리는 수많은 자연 현상에서 인간은 나약한 존재라는 것을 깨닫는다. 프랑스의 수학자이자 과학자이며 작가이고 철학자였던 블레즈 파스칼Blaise Pascal은 그의 저서 〈팡세Pensées〉에서 "인간은 자연 가운데서 가장 약한 하나의 갈대에 불과하다. 그러나 그것은 생각하는 갈대다."라고 적었다. 그가 중요하게 생각했던 것은 인간의 유한함, 나약함에 관한 것이었다.

또한, 독일의 유명한 실존주의 철학자 카를 야스퍼스^{Karl Jaspers}는 인간의 삶은 '한계상황^{Grenzsituation}'에 의해 결정된다고 주장했다. 한계상황이란 인간이 일반적으로 경험하지 않는, 생존을 위협하는 상황을 말한다. 그는 한계상황으로 죽음, 생존 경쟁, 고통, 죄의식, 우연을 들었다. 그에 따르면, 인간은 살면서 불가피하게 이러한 한계상황에 맞닥뜨리게 되는데, 이때 존재에 대한 근본적 질문을 하게 되며 자신의 벌거벗은 모습을 자각한다고 한다. 야스퍼스는 "한계상황을 체험하는 것과 실존하는 것은 동일한 것이다."라고 말했다.[26] 그래서 인간은 진정한 자기 인식을 통해 절망하는 것이 아니라 삶에 의미를 부여한다고 한다. 야스퍼스에 따르면, 초월이란 초월자와의 만남이다. 그에게 초월자란 특정한 종교적 신이나 형이상학적 개념으로 제한하지 않고, 인간이 끊임없이 새로운 방식으로 만나게 되는 궁극적 존재다. 이러한 초월자는 인간이 오성에 의해 인식할 수는 없고 오직 암호 또는 상징으로 나타날 뿐이라고 한다. 예를 들면, 대자연의 아름다움이나 경이, 예술과 철학에서 발견된 의미, 사랑, 죽음, 고통과 같은 실존적 경험 등이다. 따라서 우리는 삶 속에서 이러한 암호를 해독하며, 그것을 통해 실존의 의미를 깨닫는다고 한다.

초월적 겸손을 거론하니 떠오르는 것인데, 내가 우주의 신비를 직시한 것은 30대 후반 어느 날이었다. 초등학교를 다니던 아이들의 과학 숙제를 도와주던 중, 우주에 어마어마한 별들이 있다는 것을 알게 되었다. 대한민국 과학기술부[27]에 의하면 우리가 지구상에서 맨눈으로 볼 수 있는 별은 약 2,500개이며, 쌍안경을 사용하면 약 5,800~8,000

개까지 볼 수 있다고 한다. 그런데, 천문학자들은 우리 은하계에만 1,000~4,000억 개의 별이 있다고 추정한다. 우리가 살고 있는 지구. 그 안에 작은 나라 한국. 그 곳에서도 서울. 더구나 거대한 우주는 한치의 오차 없는 수학적인 정밀함을 갖추고 있다. 무엇이 이를 가능하게 하는가? 거대한 우주 앞에서 초월적 겸손을 느낀 이후, 아내와 상의를 거쳐 종교를 갖기로 했다.

이처럼 우리는 초월자의 암호, 즉 경외와 감탄을 통해 겸손에 한 걸음 다가갈 수 있다. 초월적으로 겸손한 사람은 삶에 대한 궁극적인 질문을 던지고 답을 찾고자 한다. 죽으면 어떻게 될까? 삶의 의미는 무엇일까? 나의 목적은 무엇일까? 초월적 겸손은 겸손의 겸허에 가깝다. 앞에서 말했듯이, 겸허는 타인을 향한 태도가 아니라 내 마음의 기준점이 낮추어진 상태를 말한다. 미국 호프칼리지Hope College 심리학과 대릴 반 통게렌Daryl Van Tongeren 교수에 의하면, 초월적으로 겸손한 사람은 인간 존재에 대한 깊고 무거운 질문을 탐구하고 싶어한다. 이들은 자신의 유한성을 인정하고 세상 속 자기 자리를 평화롭게 받아들인다.[28] 이러한 초월적 겸손은 인간의 한계를 직시하고 이에 순응한다는 점에서 우리의 마음에 평화를 가져다준다. 초월적으로 겸손한 사람은 그렇지 않은 사람들보다 정신 건강 수준이 높다는 연구 결과가 다수 있다. 3부 〈겸손의 손익계산서〉를 참조하기 바란다. 이어서 초월적 겸손에 관한 이야기 세 가지를 소개하며 겸손의 세 가지 유형에 대해 마치고자 한다.

첫 번째 사례, 아인슈타인

특수 상대성 이론과 일반 상대성 이론으로 1922년 노벨 물리학상을 수상한 천재 물리학자 알베르트 아인슈타인(Albert Einstein)(1879-1955)은 제2차 세계대전 직후인 1948년에 이스라엘 국회가 만장일치로 그를 초대 대통령으로 결정하고 본인에게 통보한 적이 있다. 그러나 그는 물리학자 답게 24시간 생각해본 후에 거절의 회신을 보냈는데, 거절의 이유는 아무래도 자신은 정치보다는 물리학을 더 잘할 수 있을 것 같다는 것이었다. 아인슈타인은 특정 종교에 속하지 않았으며, 신을 믿는 방식도 전통적인 신앙과는 달랐다. 1954년, 그가 생애 말년에 가진 한 인터뷰에서, '하나님'에 대한 질문을 받았을 때 이렇게 대답했다.[29]

"나는 선을 행한 자에게 보상을 주고, 악을 저지른 자를 벌하는 신학적 개념의 신을 믿지 않습니다. 내가 믿는 신은 우주의 법칙을 창조하고 그것을 다스리는 존재입니다. 그분이 만든 우주는 인간의 바람이 아니라 변함없는 법칙에 따라 움직입니다."

또한, 그가 죽기 3년 전 쓴 편지에는 이렇게 적혀 있었다.

"우주의 조화, 즉 우리가 '자연법칙'이라 부르는 것을 온전히 이해하기에는 인간의 지성이 부족하다는 사실을 깨달을 때, 저는 깊이 종교적 감정을 느낍니다."

아인슈타인은 과학과 종교를 수레의 두 바퀴에 비유하며, 진리는 이성이 아니라

'종교적 감정(religious feeling)'에서 비롯된다고 보았다. 그는 "이성이 아무리 발전해도 인간의 내면에서 우러나오는 신비로운 감정 없이는 진리에 다가설 수 없다."라고 말했다. 이성은 그렇게 발견된 진리를 인간이 이해할 수 있도록 정리하는 역할을 한다.[30] 이스라엘 바르일란 대학교(Bar-Ilan Univ.) 물리학 교수인 맥스 제이머(Max Jammer)가 쓴 〈아인슈타인과 종교(Einstein and Religion)〉에 의하면, 그는 "우주 종교적 감정(cosmic religious feeling)이란 인간이 욕망의 허망함을 깨닫고, 정신과 물질 양쪽에서 드러나는 질서의 신비와 장엄을 느끼는 것이다. 이 감정을 경험하지 못한 사람은 결코 이해할 수 없다."고 말했다.[31]

두 번째 사례, 임마누엘 칸트

현대 철학의 방향을 결정하는 데 지대한 영향을 미친 임마누엘 칸트(Immanuel Kant, 1724~1804)는 우리가 보지 못하고 알지 못하는 세계가 있다고 생각하고, 인간의 인식 구조가 어떠한 지를 밝히고자 했다. 그 과정에서 칸트는 인식의 한계를 넘어서는 영역이 있음을 인정하지 않을 수 없었다.

> 「내가 빨간 렌즈를 끼고 있는 한,
> 렌즈 밖의 세상이 어떤 것인지를 알 수 없다.」

칸트는 나의 인식에는 한계가 있으므로, 내 인식의 한계를 넘어서는 영역에 대해서는 무지를 인정해야 한다고 했다. 인간은 진정한 세계를 볼 수 없다는 것이다. 칸트는 우리가 보거나 들을 수 있는 세계를 '현상계(現象界, Phenomenal World)', 이와 반대로 인간 인식의 한계 밖에 있는 존재를 물자체(物自體, Thing-in-Itself)라 불렀다. 하지만, 인간이 감각적 경험을 초월하여 이성적으로 사고할 수 있는 세계를 '영지계'(英知界, Intelligible World)라고 불렀다. 물자체와 영지계 모두 경험적 세계를 초월한 세계지만, 물자체는 철저히 인식 불가능한 존재임을 가리키는 반면 영지계는 인간이 이성적으로 참여 가능한 도덕적 세계를 뜻한다.

그는 영지계에는 도덕법칙이 존재한다고 생각했다. 칸트는 《실천 이성 비판》에서 '생각하면 할수록 점점 더 큰 경탄과 외경으로 내 마음을 채우는 것이 두 가지 있으니, 그것은 내 위의 별이 빛나는 하늘과 내 안의 도덕법칙(Moral Law)이다.'라고 표현한 바 있다. 자연계에는 자연법칙이 있듯이 인간계에는 따라야 하는 도덕법칙이 있다는 것이다. 그는 인간이 시간과 공간을 초월한 영원불멸의 도덕 법칙을 따라 행동할 때 그것이 곧 선(善)이라고 보았다. 도덕 법칙은 'OO하고 싶으면 OO하라'가 아니라, 'OO하라'라는 구체적인 정언명령(定言命令, Categorical Imperative)으로 표현된다. 예를 들어, '대가를 받을 수 있어 친절하게 대한다'가 아니라, 친절하게 대하는 것 자체가 친절이라는 것이다. 목적을 달성하기 위한 수단이 아니라 목적 자체여야 한다고 칸트는 생각했다. 도덕법칙은 윤리설의 차이에 따라 신의 명령, 이성의 명령 등 여러 해석이 있다. 이러한 도덕법칙은 모두에게 똑같이 적용할 수 있는 보편 타당성을 지녀야 하고, 다른 사람을 수단으로 취급하지 말고 그 사람의 존재를 존중하는 것이다. 예를 들면, '내가 원하는 것이 다른 사람도 원하는 것이 되도록 하라'는 황금률과 같다고 할 수 있다.

이러한 도덕법칙은 이성을 가진 합리적 인간이라면 지켜야 할 절대적이고 무조건적인 의무다. 우리는 자신의 피할 수 없는 불완전성과 도덕 법칙이 세운 높은 행동 기준을 고려할 때, 우리의 도덕적 가치에 대한 정확한 평가가 겸손을 낳는다고 보는 것이 타당하다.

칸트가 말하는 겸손은 도덕법칙의 엄격한 기준에 맞춰 우리 자신을 정직하고 정확하게 평가할 때, 도덕적 주체로서 인간의 부족함과 미미함에 대한 인식이다.[32]

세 번째 사례, 〈소록도 두 간호사〉

소록도에서 43년 동안 한센병 환자를 보살피고 떠난 오스트리아 출신 마리안느와 마가레트 두 간호사의 이야기다.[33] 2005년 11월 어느 이른 새벽, 그들은 짤막한 편지 한 장만 남기고 아무도 모르게 섬을 떠나 조용히 고국으로 돌아갔다. 떠날 때 짐이라곤 낡은 여행 가방 하나가 전부였다고 한다. 두 분은 편지에 나이 들어 제대로 일을 할 수도 없고, 자신들이 있는 곳에 부담을 주기 전에 떠나야 할 때라며, 부족한 외국인으로서 이곳 할머니와 할아버지들에게 사랑과 존경을 받아 감사하다고 썼다. 또한 자신들의 부족함으로 마음 아프게 해 드렸던 일에 대해 미안함과 용서를 빈다고도 했다. 그들은 평생 한센병 자녀들을 위해 영아원을 운영하고 보육과 자활사업 등 정부도 나서지 않는 일을 말없이 했다. 이들의 헌신은 한국 의사와 간호사들이 소록도로 달려가게 자극하기도 했다. 새벽 5시에 일어나 환자를 돌보는데 생애를 바친 두 분은 TV도 없이 작은 장롱만 있는 방에서 검소한 삶을 살았다. 이들은 선행에도 불구하고 결코 세상에 드러나기를 원치 않았다. 그들은 "수녀나 간호사나 한센인이나 누구든지 똑같은 사람입니다."라고 말했다. 그들은 종교적 신념과 인류애를 바탕으로 한센병 환자들에게 무조건적인 사랑을 실천했다. 국내외 언론들이 수없이 소록도를 찾았지만 인터뷰는커녕 사진 한 장 찍지 못하고 돌아갔다고 한다. 정부는 이들의 선행을 뒤늦게 알고 1972년에 국민포장, 1996년에 국민훈장 모란장을 수여했다. 두 간호사는 본국 수녀회가 보내오는 생활비까지 환자들의 우유와 간식비, 그리고 성한 몸이 돼 떠나는 사람들의 노자로 나눠줬다고 한다.

그들은 고통에 찬 환우들을 치료하면서 동시에 자신들도 그 안에서 정화되는 신비로운 체험을 했다. 생의 괴로움이 무엇인지 뼈저리게 잘 아는 한센인들은 땅처럼 겸손했고, 아주 작은 호의에도 크게 감사했으며, 끊임없이 다른 이들을 위해 기도하는 모습에서 '저분들이 바로 성인, 성녀구나'라고 느꼈다고 한다.

소록도에서 떠난 후에 그들은 오스트리아에 있는 수도원 3평 남짓 방 한 칸에 살았다. 두 사람은 소록도가 그리워 방을 온통 한국의 장식품으로 꾸며놓고 "오늘도 소록도의 꿈을 꾼다."고 했다. 그 분들의 방문 앞에는 마음에 평생 담아두었던 말이 다음과 같이 한국말로 써 있다고 한다.

「무(無)」
「선하고 겸손한 사람이 되라.」

그렇게 겸손을 실천했던 마가렛 간호사는 2023년 10월 29일 하느님 곁으로 먼저 떠났다.

이렇게 1부에서는 한국인이 생각하는 겸손의 개념, 겸양과 겸허의 차이, 겸손의 세 가지 개념 및 그 사례를 통해 겸손에 대한 독자들의 이해를 돕고자 했다. 독자들께서 1부를 읽는데 약간의 부담도 느꼈겠지만 그만큼 겸손에 대해 충분히 이해했을 것으로 믿는다. 그런 면에서 1부는 내용면에서 참 중요한 시작이었다. 이제부턴 부담감을 좀 내려 놓고 편히 읽어도 될 것 같다는 말씀을 전한다. 혹시 2부의 〈심리학으로 풀어본 겸손〉이 어렵게 느껴지는 독자분들은 3부 〈겸손의 손익 계산서〉 혹은, 4부 와 5부인 〈동서양의 겸손 비교〉, 〈겸손으로 가는 길〉로 건너 뛰었다가 돌아와도 좋을 것 같다. 하지만 자신의 마음 속을 빨리 들여 다보고 싶은 독자들은 이어서 읽기를 권한다.

2부

심리학으로 풀어본
겸손

2부에서는 겸손의 심리학적 측면을 살펴보고자 한다. 우리의 마음 속에는 인정하고 싶지 않은 불편한 진실도 있다. 또한, 겸손과 이에 대비되는 자랑의 심리 등 우리의 마음 속은 복잡하다. 사실. 심리학 분야가 광범위하지만 이 책의 주제가 겸손인 만큼 이와 관련한 심리 현상에 국한하고자 한다.

겸손한 사람은
모든 사람으로부터 호감을 산다.

–톨스토이

1.
우리 마음 속의
불편한 진실들

심리학자이면서 노벨경제학상(2002)을 받은 대니얼 카너먼$^{Daniel Kahneman}$(1934~2024)에 따르면, 인간은 자신이 논리적이고 합리적인 결정을 한다고 생각하지만, 실제는 직관에 따라 판단하는 존재라고 한다. '내 주장이나 내 생각은 옳다.'고 믿고 산다는 것이다. 이처럼 인간이 현실을 지각하는 과정에서 일어나는 주관적인 왜곡 현상을 '인지 편향$^{Cognitive Bias}$'이라고 한다. 여기서 인지 편향은 무의식적으로 일어나기 때문에 종종 사실에 대한 정확한 판단을 방해할 수 있다. 이때, 균형 추 역할을 하는 이성적 사고와 지적 겸손의 자세가 요구된다. 실제로 인지 편향의 종류는 수없이 많다. 이 사실만으로도 우리 인간은 불완전한 존재임을 일깨워준다. 여기서는 겸손과 연관성이 높은 세 가지의 인지 편향만을 소개하고자 한다.

1) 나 정도면 평균 이상이지!

인간에게는 자신을 다른 사람보다 우월하다고 생각하는 본성이 있는데, 이로 인해 많은 사람이 "나 정도면 평균 이상이지."라고 믿는다고 한다. 이것을 '평균 이상 효과Better than average effect'라고 부른다. 수많은 연구 결과가 있지만 몇 개만 소개하고자 한다. 먼저, 스웨덴과 미국의 학생 161명을 대상으로 그들의 운전 기술과 안전 운전을 다른 사람들과 비교하도록 요청한 결과, 운전 기술의 경우 미국 표본의 93%와 스웨덴 표본의 69%가 상위 50%(평균)에 속한다고 답했다. 안전운전의 경우, 미국인의 88%와 스웨덴인의 77%가 상위 50%(평균)에 속한다고 답했다.[34] 또한, 교수진을 대상으로 한 설문 조사에 의하면, 응답자의 68%가 교육 능력에서 자신을 상위 25%에 속한다고 평가했으며 94%는 자신을 평균 이상으로 평가했다.[35] 이것은 학생들도 마찬가지였다. 미국 스탠포드 대학교Stanford Univ.의 경영학 석사 과정 학생의 87%가 학업 성취도를 중앙값 이상으로 평가했다.[36]

2) 무식하면 용감하다

심리학자 데이비드 더닝David Dunning과 저스틴 크루거Justin Kruger는 1999년 미국 코넬 대학교Cornell Univ. 심리학과 학부생 65명을 대상으로 연구를 실시했다. 연구진은 유명 코미디언 그룹의 감수를 거친 유머 30개를 학생들에게 제시하고, 각 유머의 재미 정도(유머 감각)를 1(전혀 재미없음)~11(매우 재미 있음) 척도로 평가하도록 했다. 그리고 자신의 유머 감각이 전체 동료들의 몇 퍼센트 위에 속할지를 추정하도록 했다. 학생들의 유머 감각 점수는 전문 코미디언들의 객관적 평가를 거쳐 전체 그룹의 상위 몇 퍼센트에 속하는 지로 매겨진다. 연구 결과, 유머 감각이 가장 낮은 것으로 평가받은 그룹의 경우(아래 그림에서 하위 1/4그룹), 자기가 전체 동료의 62%보다 능력이 뛰어나다고 믿지만, 실제로는 12%에 머무른 것으로 나타났다.[37] 사람들은 이러한 현상을 '더닝-쿠르거 효과Dunning-Kruger Effect'라 부른다.

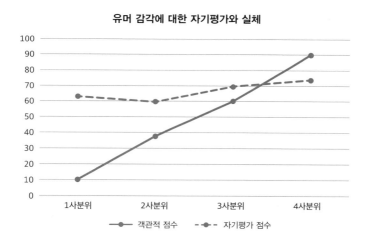

유머 감각에 대한 자기평가와 실체

더닝-쿠르거 효과는 우리말로 '무식한 사람이 용감하다.'라는 옛 속담을 과학적으로 입증한 셈이다. 다시 말해, 기술 수준이나 수행 능력이 현저히 부족한 사람이 자신의 현재 수준보다 더 능력이 있다고 과대평가하거나, 인성에 문제가 있는 사람이 자신을 인간적으로 좋은 사람이라고 과대평가하는 심리 현상이다. 실제로, 병원의 환자 사망률이 가장 높은 때는 1년 중에서도 새로운 레지던트들이 부임해서 진료를 보기 시작하는 6월이라 한다. 그 원인은 신참 의사들의 능력 부족이 아니라, 자기 능력을 과대평가하는 그들의 마음가짐(사고방식)이라고 한다.[38] 우리 중에 인지 편향에서 자유로운 사람은 없다. 그러나, 다른 사람에게선 쉽게 인식할 수도 있다. 이러한 인지 편향의 개념을 알고 이해하는 것은 곧, 인지 편향의 원인을 발견하고 이를 극복하기 위한 첫걸음이 될 것이다.

3) 결론부터 말해 봐!

사람들이 불확실성을 피하고, 가능한 한 빠르고 확실한 결론에 도달하려는 심리적 욕구를 '인지적 종결욕구Need for Cognitive Closure: NCC'라고 한다. 이 개념은 심리학자 아리 크루글란스키Arie Kruglanski가 처음 제안하였고, 이는 두 가지 주요 요소로 나누어진다. 하나는, 정보가 불완전하거나 복잡하더라도 가능한 한 빨리 결론을 내리려는 성향이다. 다른 하나는, 이미 내린 결론을 가능한 한 바꾸지 않으려는 성향이다. 이런 성향은 자칫 추진력 있는 자기 주도형 리더에서 나타날 수 있다. NCC성향은 성급한 성격적 요인이나 권위주의적인 문화에서 더 흔하게 볼 수 있다.

NCC는 응급 상황 등 복잡한 상황에서 빠르게 결정을 내려야 하는 환경에선 긍정적으로 작용하지만, 성급한 결론으로 인해 잘못된 판단을 내릴 가능성이 있다. 또한 새로운 정보나 의견에 대한 개방성이 부족하여 필요한 정보를 놓치는 경우도 발생한다. 회사 생활을 하다 보면, 독자들도 일부 자기 주도적이거나 결단력 있는 리더들로부터 종종 '결론부터 말해봐.' 또는 '예스'야? '노'야?'라는 얘기를 들어봤을 것이다. 인지적 종결 욕구가 강한 개인과 집단일수록 하나의 '정답The answer'보다는 '아무 답Any answers'이든 내놔야 한다는 강박이 강하다. 빠르게 상황을 정리하는 리더가 표면적으로는 결단력이 있고 카리스마 있어 보일지 모른다. 그러나 불확실성이 높은 환경에서는 편향된 정보처리와 잘못된 의사결정을 촉발할 수 있다.

에이미 에드먼슨Amy Edmondson 하버드대Harvard Univ. 경영대학원 교수는 저서 〈두려움 없는 조직〉(다산북스, 2019)에서, 조직 내에서 서로 다른 정보를 검증하고 치열하게 논의하는 과정이 필수적이며, 이러한 문화 형성을 위해 리더십을 평가하는 기준 또한 달라져야 한다고 강조한다. 하지만, 신속한 결단이 필요하거나 모든 정보를 검증할 시간이 없을 때는 어떻게 해야 하나? 이에 사회심리학자 서울대 최인철 교수는 이렇게 전했다.[39]

"그래서 의사결정자의 '전문성'이 중요하다. 전문성은 크게 두 가지로 나뉜다. 하나는 자신의 직무와 분야에 대해 알고 있는 정도, 즉 '도메인 지식domain knowledge'이 축적된 정도다. 매번 실험을 통해 가설을 검증하고 데이터를 확인하지 않더라도 어느 정도 상식적인 수준에서 판단할 수 있으려면 전문 지식이 전제돼야 한다. 그리고 또 하나가 바로 '과학적 태도scientific attitude'다. 도메인 지식과는 별개로 과학적 추론의 규칙을 어느 정도 파악하고 인과因果 추론을 할 수 있는 능력이 있어야 비로소 경영에 필요한 전문성을 갖췄다고 말할 수 있다."

이는 조직의 중요한 의사결정을 내리는 리더라면 새겨 들어야 할 말이다. 또한, NCC의 오류를 예방하는 다른 방법으로는, 구성원들이 지적 겸손의 자세를 갖는 것이다. 다시 말해, 자신의 지적 강약점을 객관적으로 바라보고, 다른 사람의 의견을 수용하는 자세를 취하며, 큰 맥락에서 자신의 역할을 점검하는 것이다.

2.
자부심에
대하여

1) 진정한 자부심과 오만한 자부심

어떤 개념은 그 반대 개념을 설명함으로써 보다 쉽게 이해될 수 있다. 따라서 겸손에 대한 반대 개념인 자랑의 심리적 특성을 살펴보고자 한다. 자랑과 관련된 단어는 자부심에서 자만, 오만, 거만, 교만에 이르기까지 다양하다. 영어에도 Pride, Conceit, Arrogance, Haughtiness, Hubris 등 다양하다. 이들 중 '프라이드Pride'를 제외하고는 그 의미가 직접적이고 분명하다. 그러나 자부심, 긍지, 자랑거리 등을 뜻하는 프라이드에는 이중적인 의미가 있다. 때로는 긍정적으로, 때로는 부정적으로 쓰인다. 일단 프라이드를 중립적인 의미의 '자부심'으로 번역하고, 자세한 내용을 살펴보고자 한다.

자부심의 사전적 의미(표준국어대사전)는 '자기 자신 또는 자기와 관련되어 있는 것(가족, 공동체 등)에 대하여 스스로 그 가치나 능력을 믿고 당당히 여기는 마음'이다. 자부심은 대체로 성공이나 긍정적인 사건의 원인을 자기 자신에게 돌릴 때 생긴다. 이성보다 감정을 중시한 영국의 경험주의 철학자, 데이비드 흄David Hume(1711-1776)에 따르면, 교만의 원인이 상상력, 판단력, 기억력 또는 성향에 관계없이 마음의 모든 귀중한 특성 즉 재치, 총명, 학식, 용기, 정의, 성실이라고 했다.[40] 또한 이러한 감정은 마음에만 국한되지 않고 몸으로도 시야를 확장한다. 남자는 자신의 외모, 힘, 민첩성, 춤, 승마, 검술, 또는 직업적 재주를 자랑스러워할 수 있다. 또한 이러한 감정은 자신과 조금이라도 관련이 있는 모든 대상에서 일어날 수 있다. 즉, 가족, 자녀, 공동체, 나라, 재물, 집, 정원, 말, 개, 외투 등. 이들 중 어느 것이든 교만의 원인이 될 수도 있고 겸손의 원인이 될 수도 있다. 현대의 심리학자들은 이러한 자부심이 긍정적 의미와 부정적 의미 두 가지 형태로 나타난다고 말한다. 캐나다 브리티시 컬럼비아 대학교Univ. of British Columbia의 제시카 트래이시Jessica L. Tracy교수와 미국 캘리포니아 대학교UC Davis의 리처드 로빈스Richard W Robins교수는 전자를 진정한 자부심authentic pride, 후자를 오만한 자부심hubristic pride이라고 부른다.[41]

여기서 진정한 자부심은 긍정적 의미의 자랑으로 자신이나 소속한 공동체에 대한 합리적인 자부심이나 자긍심을 뜻한다. 아리스토텔레스Aristotle(BC 384-322)는 부끄러움에 반대되는 자랑을 미덕으로 여겼다. 성경은 "각각 자기의 일을 살피라. 그리하면 자랑할 것이 자기에게만 있고 남에게는 있지 아니하리니" (갈라디아서 6장4절) 라며, 자신이 한 일을 자랑스럽게 여길 수 있다고 말한다. 또한 사도 바울Paul the Apostle은 "믿음의 공동체가 이룬 성취에 대해서 자랑하고 위로를 받는다."고 말했다(고린도 후서 7장 4절). 더불어 유방절제 수술 후 축하 포즈를 취한 사진으로 유명한 미국 작가 디나 메츠거Dina Metzger도 이렇게 말했다.[42]

"우리가 재능을 가진 존재임을 부인한다면 그것은 거짓된 겸손에 빠진 탓이다. 아니면 재능에 대한 책임을 회피하려는 시도일 수 있다. 그러나 누구나 재능을 가지고 있으며, 그 재능은 반드시 계발되고 다른 사람에게 전해져야 한다."

한편, 오만한 자부심은 부정적 의미의 자랑으로 자신의 가치나 성취를 지나치게 높여, 다른 사람 앞에서 우쭐대는 자랑을 뜻한다. 우쭐대는 자랑은 교만, 자만, 오만, 거만과 비슷한 뜻을 가진다. 오만한 자부심은 겸손함과 정반대로 행동하고 온 세상에 자부심을 드러내려고 한다. 성경은 "교만은 멸망에 이르게 하고 거만한 마음은 넘어지게 한다."(잠언 16장 18절). 또한 초기 기독교 교회의 대표적 교부인 성 아우구스티누스Saint Augustine of Hippo(354~430)는 이렇게 말했다.[43]

"자만심을 가진 사람은 모두 자신에게만 주의를 기울인다. 자신을 기쁘게 하려는 사람은 자신이 대단해 보이기 마련이다. 그러나 자신을 기쁘게 하려는 사람은 바보를 기쁘게 하는 것이다. 스스로를 기쁘게 만들려 할 때 그는 바보가 되기 때문이다."

이제 우리가 자주 사용하는 영어 단어, 프라이드^{pride}의 의미를 살펴볼 필요가 있다. 프라이드는 이중적인 의미를 내포하기 때문에 혼동을 주기도 한다. 따라서 자신이나 공동체의 바람직한 목적이나 명예에 기여하는 경우 '자랑' 대신 '자부심', '자긍심'으로 표현하는 것이 적절하다. 그러나, 거짓 명예나 헛된 영광을 위해 자신이나 소속한 집단을 높이고 다른 이들을 업신여기는 경우, 교만, 오만, 자만, 거만으로 표현하는 것이 더 적절하다. 앞서 자부심을 두 가지로 분류한 교수들에 따르면, 자부심이 행동적으로 표현되는 양식은 동일하지만 각기 다른 원천을 가지고 있다고 한다. 진정한 자부심은 자부심을 느낄 만한 행동이나 성취에 기반하고 있는 반면, 오만한 자부심은 실제로 긍정적인 역할이나 기여에 관계없이 우월적 지위나 자원, 존경만을 추구하는 것이다. 우리의 마음 속에는 두 가지의 자부심이 함께 살고 있는 것 같다. 두 교수는 이를 두고 다음과 같이 말했다.

"인간적이라는 것은 적어도 한편으로는 자부심을 경험하려고 하고, 다른 한 편으로는 자부심을 남에게 내보이려고 하는 것이다."

나는 이 책을 쓰면서 과연 진정한 자부심을 느끼고 있는지 자신을 되돌아보게 되었다. 고백하건대, 한 인간으로서 진정한 자부심만을 가지고 있다고 말할 자신이 없다. 그렇다면 우리는 진정한 자부심은 아니더라도 그에 가까운 적절한 자부심은 가질 수는 없을까.

2) '적절한 자부심'과 오만, 겸손, 비굴의 관계

미국 웨스턴 워싱턴 대학교Western Washington Univ. 철학과 데니스 위트콤 Dennis Whitcomb 교수는 겸손을 '자기 자신의 한계를 인정하고 받아들이는 것'이라 정의하고, 오만, 비굴, 적절한 자부심Proper pride과 비교함으로써 겸손을 더욱 정확하게 설명하고 있다. 적절한 자부심이란 필요한 상황에서 자신의 장점에 적절히 주의를 기울이고 그 장점을 인정하는 데 있기에, 적절한 자부심은 장점을 의식하는 정도가 과도하지도 않고 그렇다고 부족하지도 않는 중간 정도라 할 수 있다. 여기서 중간은 산술적인 중간이 아니라 때와 장소에 맞는 적절한 수준을 의미한다.[44]

여기서 오만arrogance은 자신의 장점을 지나치게 의식하거나, 이를 과대평가 또는 지나치게 내세우고, 좋은 결과는 자신에서 비롯된 것이라 생각하는 성향이다. 오만은 과도한 자부심에 속한다. 밑의 그림[45]에서 오만해지는 두 가지 방법이 있는데, 첫째는 자신의 강점에 지나치게 주의를 기울이거나 이를 과대 평가하는 것이고, 둘째는 자신의 한계에 주의를 기울이지 않거나 이를 과소평가하는 것이다. 그런가 하면 비굴 servility은 자신의 장점에 대해서 지나칠 정도로 무관심하거나, 자신의 장점을 과소평가 내지 조금도 내세우지 않으며, 좋은 결과는 자신에게서 나온 것이 아니라고 생각하는 성향이다. 비굴해지는 데는 두 가지 방법이 있는데, 하나는 자신의 한계에 지나치게 주의를 기울이거나 과도하게 인정하는 것이고, 다른 하나는 자신의 강점에 주의를 전혀 기울이지 않거나 인정하지 않는 것이다. 비굴은 겸손과 다르다. 겸손은 내가 가득 찼기 때문에 낮추는 것이고, 비굴은 내가 모자라기 때문에 남의 환심을 사기 위해 나를 낮추는 것이다. 비굴한지는 본인 스스로 알 수 있다. 진정한 겸손의 척도는 '본인이 비굴함을 느끼지 않을 때'다.

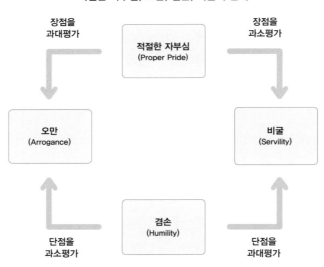

적절한 자부심, 오만, 겸손, 비굴의 관계

이러한 특성들의 관계에서 유의해야 할 점은, 적절한 자부심을 가진 사람이 반드시 겸손하지 않을 수도 있다는 것이다. 왜냐하면 적절한 자부심을 지니고 있더라도 자신의 단점이나 한계를 받아들이지 않을 수도 있기 때문이다. 자부심과 겸손은 얼핏 보면 상반되는 것처럼 보인다. 그러나, 둘은 떼어놓고는 생각할 수 없다. 자부심이 없다면 누군가에게 진정한 겸손을 보이기 어려울 것이고, 반대로 겸손하지 않다면 자부심은 자만심으로 변할 수 있기 때문이다. 결론적으로, 자부심과 겸손은 상호 대립적일 수도 있지만, 적절한 균형을 유지할 때 건강한 자아감과 타인과의 조화로운 관계를 형성할 수 있다. 이처럼 적절한 자부심과 겸손은 균형을 이룰 때, 둘 다 진가를 발휘한다.

──────── • 적절한 자부심과 겸손을 겸비한 사례 • ────────

적절한 자부심과 겸손을 겸비한 사람은 누구일까?

우리는 1부에서 Level 5 리더들이 개인적인 겸손과 직업적 의지를 겸비하고 있음을 기억할 것이다. 그들은 적절한 자부심의 소유자임이 틀림없다. 추가로, 나는 아시아인 최초로 잉글리시 프리미어리그(EPL)에서 100호 골을 넣은 토트넘 소속의 손흥민 선수를 뽑고자 한다. 그는 동양인의 육체적 한계를 기술로 극복했다. 한 예로 그의 양발 잡이 능력은 어릴 때부터 거의 매일 수천 번씩 연습한 결과이다. 그는 자신의 능력과 성취에 적절한 자부심을 갖고 있다. 과도하게 자신을 낮추지 않고 당당하다. 어디에도 교만이나 나약함이 없다. 그리고 그의 성취는 자신 혼자의 힘만이 아님을 알고 팀 동료 및 감독에 돌린다. EPL 100골을 넣은 뒤 그가 자신의 SNS에 올린 글을 보자.

「EPL 100골이라... 이 숫자를 기록한 최초의 아시아 선수가 된 것이 자랑스럽다. 또 자랑스럽다. 내가 가능한 일이라면 각 가정에서 자라는 모든 사람에게도 가능하다는 것을 의미하기 때문이다. 지금까지 이 여정을 도와준 모든 감독님들, 모든 스태프 분들, 모든 팀원, 모든 친구들, 그리고 가족들에게 정말 감사하다. 이것은 (팀 단위 성과의) 보상이며, (도와주신) 당신의 덕이다. 사랑을 담아. 쏘니가.」

손흥민 선수는 적절한 자부심과 겸손을 겸비한 사람이다. 그가 표현하는 자부심에 거부감이 없는 이유는 그 자부심이 지나치지 않기 때문이다. 그것이 축구팬들이 그를 좋아하는 이유 중 하나일 것이다. 이에 대비되는 선수가 세계적인 축구 스타 크리스티아누 호날두(Cristiano Ronaldo)다. 그는 뛰어난 기량으로 장기간 세계 최고의 수퍼 스타로 군림하고 있지만, 소속팀과 감독, 동료 선수, 축구팬들에 대한 오만한 태도 때문에 존경을 받지 못하고 있으며 구단들이 영입을 꺼리는 일이 벌어진 적도 있다.

자부심, 자존감, 자신감, 자존심 비교

자부심과 비슷한 어감이 있는 단어로, '자존감self-esteem'이 있다. 자존감의 원리를 최초로 규명한 학자는 미국의 심리학자 너새니얼 브랜든 Nathaniel Branden, 1930~2014이다. 그는 자존감은 '자기 효능감self-efficacy'과 '자기존중self-respect'의 두 가지로 구성된다고 한다.[46] 자기 효능감은 삶의 도전에 직면했을 때 필요한 기본적인 자신감이고, 자기 존중은 자신이 행복을 누릴 만한 가치가 있는 사람이라고 느끼는 것이다. 간단히 말하면, 자존감은 자신의 기본적인 능력과 가치를 경험할 때 느끼는 감정이다. 자신감이란 '자신이 있다는 느낌'을 말한다. 물론, 여전히 자부심과 자존감 간에 차이가 명확하게 다가오지 않을 수도 있다. 이것은 시간 개념을 적용하면 이해하기 쉬울 것이다. 자부심은 내가 과거에 잘한 일에 초점을 두고 긍정적으로 생각하는 감정이고, 자존감은 현재의 나에 대해 느끼는 긍정적인 감정이다. 더불어, 자신감이란 미래의 일에 대해 내가 잘 해낼 수 있을 것 같은 긍정적인 감정이라 할 수 있다.

그리고, 또 하나 짚고 넘어가야 할 단어가 '자존심'이다. 자존심은 자존감과 형태나 의미에서 닮은 꼴을 하고 있다. 자존심의 사전적 의미는 '남에게 굽히지 않고 자신의 품위를 스스로 지키는 마음'이다. 자존심은 '타인에게 존중받고자 하는 마음'이라고 볼 수 있다. 그래서 누군가로부터 비난이나 공격을 받으면 자존심이 상하게 되며 스스로의 품위를 지키기 위해 타인을 공격하기도 한다. 〈우리말 어감 사전〉(2024)의 저자 안상순은 자존심과 자존감의 차이를 시선의 방향에서 찾는다. 자존심은 자신의 외부, 즉 다른 사람들이 자신을 어떻게 바라보는지에 민감하지만, 자존감은 내면을 바라보며 내가 스스로를 어떻게 평가하는지가 중요하다고 말한다.[47]

3.
겸손의
심리

1) 자신감 없는 겸손: 가면증후군

〈들어가며〉에서 잠깐 언급한 바 있지만, 어떤 사람은 자신은 사람들이 생각하는 만큼 뛰어나지 않으며, 따라서 자신이 주변을 속이며 산다고 믿는 불안심리를 가지고 있다. 가면을 쓰고 있지 않은데도 가면을 쓰고 있다고 괴로워하기 때문에 이를 '가면증후군Impostor Syndrome' 또는 '임포스터이즘Impostorism' 이라고 부른다. 여기서 임포스터는 남을 사칭하는 사람, 사기꾼을 의미한다. 또한 자신의 정체가 발각될 것을 두려워하여 가면을 쓰며, 완벽주의, 실패에 대한 두려움, 역량 부족의 느낌 때문에 고통을 받는다. 연구들에 따르면, 나이와 직업을 불문하고 수많은 사람이 아주 다양한 방식으로 가면 증후군을 경험한다고 한다.

2020년, 글로벌 시장조사 회사인 이노베이트엠알InnovateMR 이 1,000

명의 임원을 대상으로 조사[48]한 바에 의하면, 여성 임원의 75%, 남성의 63%, 전체의 65%가 임포스터 증후군을 경험했다고 한다. 여성의 85%는 자신이 약한 모습으로 비칠까 우려하여 남들에게 말하지 않는다고 했고, 이 증후군에 관심을 보이는 경영자는 5%에 불과했다. 가면 증후군의 원인은 주변의 인재들과 경쟁하는 가운데, 관련 분야의 지식, 기술 및 경험을 축적하는 과정에서 관련 지식의 부족이나 한계를 더 자주 더 많이 인식하는 데 있다. 이러한 가면 증후군은 역사적으로나 현재 세계적으로 유명한 인물들도 상당수 앓은 것으로 알려졌다. 예를 들면, 에이브러햄 링컨, 월트 디즈니, 빌 게이츠, 스티브 잡스, 마크 저커버그 등이다.[49] 세기의 천재 알베르트 아인슈타인도 죽기 전에 이런 말을 남겼다고 한다.

"이런 온갖 명예로운 대우를 받다니, 원치 않게 사기꾼이 되어버린 느낌이야."

또한, 미국 컬럼비아 대학교Columbia Univ. 바너드 칼리지Barnard College 심리학과 교수이자 〈임포스터Impostor〉의 저자인 리사 손Lisa Son 박사가 제시하는 가면증후군의 다섯 가지 핵심 내용[50]은 다음과 같다.

1. 타인의 평가에 두려움을 느낀다.(Ex. "사실 나는 사람들이 평가하는 것처럼 그렇게 유능하지 않아", "남들이 나보다 훨씬 더 뛰어날 거야")
2. 자신의 능력을 평가절하한다.(Ex. "내가 이만큼 성공한 것은 다 운이 좋아서

야")

3. 완벽주의가 있다.(Ex. "더 많은 걸 성취해야 했어")

4. 실수나 실패를 두려워한다.(Ex. "대체로는 잘해낸다 해도 새로운 과제에서 실
   패할까 봐 두려워")

5. 성공을 두려워한다.(Ex. "나를 칭찬해준 사람들의 기대에 부응하지 못할까 봐
   두려워")

가면 증후군의 다섯 가지 핵심들을 보면 알 수 있듯이, 생각보다 우리 주변에서 자주 볼 수 있는 현상들이다. 이처럼 겸손한 사람은 자칫 가면증후군에 빠지기 쉽다. 우리의 주변에는 겸손한 임포스터가 굉장히 많이 있다. 그러나, 자신의 성공에 대한 설명을 생략하고 지나칠 정도로 자신을 낮추는 경우 듣는 사람의 마음이 불편할 수 있다. 예를 들어, 2005년 영화 〈너는 내 운명〉으로 청룡영화제 남우주연상을 받은 뒤, 배우 황정민이 남긴 수상 소감은 지금까지도 회자된다. 그는 "60명 정도 되는 스태프와 배우가 멋진 밥상을 차려 놓으면 저는 먹기만 하면 되는데, 스포트라이트는 제가 다 받는다. 그게 죄송스럽다."고 했다. 물론 그의 말이 스포트라이트를 동료들에게 나누어 비춰주는 일종의 배려일 수는 있다. 그러나, 객관적인 기준으로 상을 받을 경우에 지나친 자기 낮춤은 좋은 태도는 아니다. 왜냐하면, 상의 선정 과정과 의미를 인정하지 않는 셈이 되고, 기꺼이 축하하는 마음과 함께 뭔가 배울 점을 기대하고 있는 사람들을 배려하지 않는 모습으로 비치기 때문이다. 더 중요한 문제는, 만약 본인이 세상 사람들로부터 인정받는 것을 좋아하는 사람이라

면, 그러한 수상 소감은 겸손이 아니라 오만에 해당될 수도 있다.

그렇다면, 가면증후군에 빠지지 않으면서 겸손함을 유지할 수 있는 방법은 무엇일까? 사라 교수는 자신을 객관적으로 보는 연습을 해보라고 권한다.[51] 그녀는 다른 사람들과 자신을 비교해서 자신이 더 잘났을까 봐 두려워하는 마음은 진정한 겸손이 아니라고 한다. 예를 들어, 마음속으로 '내가 하버드대에 다닌다는 것을 알면 저 사람이 질투하겠지?'라고 생각한다면 그것이야 말로 잘난 척이라는 것이다. 나에 대한 정보를 솔직하게 공유하고 상대가 가고자 하는 하버드대에 대한 정보를 나눠주는 것이 진정한 겸손이라는 것이다. 사라 교수는 객관적으로 자신의 재능을 인정받을 수 있는 범위 내에서는 굳이 다른 사람들의 눈치를 보면서 겸손한 척하기보다는 자신의 재능을 객관적으로 바라보고 다른 사람들과 기쁨을 나누는 것이 더 낫다고 한다. 이에 대해선 5부 〈겸손으로 가는 길〉 중, '자랑할 줄 알기'를 참고하면 좋을 것 같다.

2) 왜 사람들은 오만한 사람을 싫어할까?

아일랜드의 유명한 작가이자 노벨 문학상(1925) 수상자인 조지 버나드 쇼George Bernard Shaw(1856~1950)의 일화를 소개하고 싶다. 그는 가장 유명한 소설가 10명을 적어 달라는 요청에서 자신의 이름을 10번 적으며, "남들이 오만하다고 생각하지도 않는 정도의 자신감은 쓸모없다."고 말했다. 자신에 대한 자부심과 자신이 쓴 소설에 대한 자부심이 꽹장히 높았다는 걸 이 말에서 느낄 수 있다. 그런데, 왜 사람들은 이러한 오만할 정도의 자신감을 가지고 있는 이들을 기피할까?

미국 듀크대Duke Univ. 마크 리어리Mark R. Leary 심리학 교수 및 연구진은 사람들이 왜 오만한 인상을 주는 사람을 싫어하는지를 밝혀냈다.[52]

그들은 연구 참가자들에게 오만하게 행동하는 사람을 묘사하는 단어를 형용사 300개 중에서 고르도록 했다. 그 결과, 가장 비호감에 속하는 단어는 거만한arrogant, 허풍 떠는boastful, 잘난 척하는conceited, 자기 본위적인egotistical, 우월감에 젖어 있는snobbish 등이었다. 연구진은 이러한 자기중심주의가 세 가지 요인 중 하나 이상에 의해 생성되고 유지된다고 한다. 즉, 하나는 자신이 다른 사람들보다 더 낫다는 잘못된 믿음, 둘째는 다른 사람들에게 긍정적 인상을 주려는 시도, 마지막은 뿌리깊은 열등감을 방어하기 위한 노력이라는 것이다.

또한, 리어리교수 등 연구진은 자신을 과도하게 내세우는 사람들이 남들로부터 비호감을 유발하는 이유로 다음 몇 가지를 들었다.

첫째, 그들은 상대방은 자기보다 열등하다는 인상을 줌으로써 상대방의 자존감을 위협한다. 둘째, 자신은 남들보다 더 인정받아야 한다는 특권의식을 보여준다. 셋째, 자신을 과대 포장한다는 인상을 줌으로써 정직하지 않은 것으로 비쳐진다.

그런가 하면 오만한 사람을 싫어하는 이유를 이렇게 설명하는 사람도 있다. 스코틀랜드 소재 글래스고우 대학교Univ. of Glasgow 철학과 마이클 브래디Michael S. Brady 교수는 기본적으로 우리는 자부심의 표시보다 겸손의 표시를 더 선호한다고 한다. 자부심이 강한 사람은 본인이 다른 사람들로부터 존경과 좋은 평판을 받을 만하다고 생각하고 그것을 요구한다. 그러한 사람을 보면 상대방은 자동적으로 맞장구를 쳐줘야 한다는 압박감을 느낄 수 있다. 만약, 당신의 이웃이 손주들의 사진을 보여주며 자랑한다면 당신은 적절한 반응을 보여야 한다는 압박을 느낄 것이다. 그 손주들이 지구상에서 가장 사랑스러운 아이라는 생각이 들지 않더라도 몇 마디 반응을 보일 것을 요구 받는다. 그렇게 하지 않으면 당신은 무례하거나 야박한 사람으로 비칠 것이다.

반대로, 겸손은 오만과 다르다. 겸손한 사람은 자신의 대중적 평판을 높이는데 관심을 갖지 않기 때문에, 이를 바라보는 사람 역시 겸손한 사람에게는 신경을 별로 쓰지 않는다. 겸손한 사람은 상대방 스스로가 너그러운 사람이라 느끼게 하고 그래서 좋은 사람이라고 생각하게 만든다. 또한 상대방은 겸손한 사람을 평가하는 데 있어 자유를 얻게 된다.[53] 소설 〈오만과 편견〉을 쓴 18세기 영국 소설가, 제인 오스틴Jane Austen 은 '편견은 내가 다른 사람을 사랑하지 못하게 하고, 오만은 다른 사람이 나를 사랑할 수 없게 만든다.' 라고 썼다.

오만한 사람과 어울리기

문제는, 우리가 일상 생활에서 오만한 사람을 불가피하게 만나게 된다는 것이다. 그렇다면 그들을 어떻게 대해야 할까? 어떻게 어울려 살아갈 수 있을까? 정말 쉽지 않은 일이다. 기본적으로 물리적, 정서적 거리를 유지하는 것이 좋다. 그들과는 필요 이상으로 가까이하지 않는 전략이 필요하다. 어떻게 모든 사람과 잘 지낼 수 있겠는가? 성격심리학자 마이클 애쉬톤Michael Ashton 교수와 이기범 교수[54]에 따르면, 부정직한 사람을 피해가는 것도 중요하지만, 정직한 사람을 찾아내는 것도 중요하다고 한다. 사람들은 은연중에 자신의 가치관과 비슷한 가치관을 지닌 사람과 사회적 관계를 맺고 그 관계를 지속하는 경향이 있다는 것이다. 이는 오만한 사람에게도 적용될 수 있다. 그러나, 불가피하게 오만한 사람과 만나야 한다면, 자신을 보호하면서 갈등을 최소화하고 대화를 긍정적으로 이끌어가는 방법을 찾아야 한다. 오만한 사람을 잘 대처하는 몇 가지 방법을 소개한다. 첫째는 감정적으로 침착함을 유지하는 것이 좋다. 오만한 태도에 민감하게 반응하면 상황이 악화될 수 있다. 둘째는 선을 넘거나 부당한 대우를 받는 상황에서는 침착하지만 단호하게 의견을 표현해야 한다. 예를 들면, "저는 이런 식의 대화는 편안하지가 않네요.", "이 부분에 대해서는 제 의견을 존중해주시면 좋겠습니다." 처럼 명확한 메시지를 전달해야 한다. 셋째는 자존감을 유지하는 것이다. "저 사람과 나는 다른 사람이다." 라고 되뇌어 보며 흔들리지 않는 자기 확신을 갖는 것이다.

이에 더하여, 보다 적극적인 방법은 의도적으로 상대의 말에 경청하고 칭찬해 주는 것이다. 의도적이라는 얘기는 자신이 상처받지 않을 준비가 되어 있다는 다짐이다. 멋진 사기꾼이 되어보는 것이다. 사실, 오만하거나 거만한 사람은 자존감이 낮거나 불안감이 높은 사람일 가능성이 높기 때문에 당신의 유쾌한 사기에 잘 넘어갈 것이다.

3) 겸손은 성격인가?

심리학자들이 인간의 성격 유형을 측정하기 위해 개발한 도구는 다양하다. 현대 심리학에서 가장 널리 인정받고 있는 것은 성격의 5대 요소 모델(Big 5모델) 이다. 이 모델은 성격의 다양한 측면을 개방성, 성실성, 외향성, 친화성, 신경성(OCEAN: Open to Experience, Conscientious, Extraverted, Agreeable, Neurotic)이라는 다섯 가지 주요 요소로 나눈다.

• 성격의 5대 요소 모델(Big 5모델) •

1. 개방성 vs 폐쇄성(Open to Experience vs Closed)(창의적임 vs 관습적임)
2. 성실성 vs 불성실성(Conscientious vs Casual)(규율적이고 치밀함 vs 게으르고 신중치 못함),
3. 외향성 vs 내향성(Extraverted vs Introverted)(활달함 vs 수줍음),
4. 친화성 vs 비친화성(Agreeable vs Disagreeable)(친절함 vs 매정함),
5. 신경성 vs 안정성(Neurotic vs Stable)(불안함 vs 평온하고 느긋함),

이러한 성격의 5대 특성은 모든 사람이 그 연속선상 어딘가에 놓이는데, 대개는 중간 수준의 점수를 얻는다. 심리학자 카를 구스타프 융Carl Gustav Jung(1875-1961)은 "순전히 외향적인 사람이나 순전히 내향적인 사람 같은 건 없다. 그런 사람은 정신 병동에 들어가 있을 것이다."라고 말했다.[55] 우리는 모두 대단히 복잡한 개체이기 때문이기도 하지만 한편으로는 외향성과 내향성이 매우 다양하기 때문이다. 최근에는 '양향성兩向性의 이점'을 보여주는 연구도 나왔다. 조직 심리학자 애덤 그랜트Adam Grant는 영업 분야에는 외향적인 사람이 최고라는 통념과 반대로 양향적인 사람이 외향적인 사람이나 내향적인 사람보다 낫다는 증거를 찾아냈다.[56]

그리고 여기에 겸손을 또 하나의 성격이라고 주장하는 학자들이 있다. 마이클 애쉬톤 교수와 이기범 교수는 아래의 표처럼 한국 학생 400명을 대상으로 성격에 대한 요인 분석을 했는데, 아주 흥미로운 결과가 나왔다. 기존의 Big 5 모델로는 설명하기 어려운 여섯 번째 요인이 드러난 것이다. 바로, 정직-겸손성이다.[57] 이 모델을 '성격 구조의 HEXACO모델'이라고 부른다. HEXACO란 정직-겸손성Honesty-Humility, 신경성Emotionality, 외향성eXtraversion, 친화성Agreeableness, 성실성Conscientiousness, 개방성Openness to Experience을 뜻한다. 'HEXA'는 그리스어로 '6'이란 뜻이다.

· 정직-겸손성을 정의하는 형용사의 예 ·

진실한, 정직한, 충실한, 충성적인, 겸손한, 가식적이지 않은, 공정한, 윤리적인

VS

교활한, 가식적인, 탐욕스러운, 젠체하는, 위선적인, 자랑하는, 자만심이 센, 자기 중심적인

여기서 두 교수는 정직-겸손성의 행동 특성을 아래의 표와 같이 기술한다.[58] 그들에 따르면, 이러한 설명은 너무 극단적인 표현이고, 전적으로 겸손하거나 전적으로 겸손하지 않은 사람은 없다고 한다. 우리 모두는 양극단의 중간 어딘가에 서 있기 때문이다.

· 정직-겸손성의 행동 특성 ·

	높음	낮음
정직-겸손성	• 타인을 조종하지 않고 가식을 싫어함	• 목적을 위해 친교 또는 아부
	• 공정하고 준법적	• 개인의 이익을 위해 법/규정을 무시
	• 부와 사치를 중요시하지 않고 청렴	• 부·명품·사회적 지위를 추구
	• 자신이 특별히 우월하다고 생각하지 않음	• 다른 사람 위에 있다는 특권 의식

유행 중인 MBTI 테스트

캐서린 쿡 브릭스Katharine Cook Briggs와 이사벨 브릭스 마이어스Isabel Briggs Myers모녀가 카를 융의 이론을 바탕으로 개발한 성격 평가 도구로, 20세기 초에 정신과 의사들에게 지대한 영향을 끼쳤다. 현재 표준 MBTI는 93개 문항Form M으로 구성되어, 상반되는 네 가지 주요 성향 또는 취향을 측정하는데, 그 네 가지는 '외향형 vs 내향형Extraversion vs Introversion', '감각형 vs 직관형Sensing vs iNtuiting', '사고형 vs 감정형Thinking vs Feeling', '인식형 vs 판단형Perceiving vs Judging이다. 이 네 가지 성향은 다시 16가지 '유형'으로 분류된다. 심리학계에서는 다른 성격 검사만큼 신뢰성이 높지 않고 성격을 이분법적으로 단순화한다는 비판도 있다. 따라서, 심리학자들은 MBTI를 활용함에 있어서 단순히 자신의 성격 유형을 발견하는 데 그치지 말고, 그 반대가 되는 측면을 살펴보고 두 측면을 통합하는 노력을 기울여야 한다고 권고한다. 또한 자기와 반대되는 유형에 관심을 가지고 두 성격 유형의 장점을 접목하는 자세가 필요하다고 한다.

MBTI에서 겸손한 사람의 유형을 명시적으로 분류하고 있지는 않다. 그러나 여러 유형에 겸손의 특성이 포함되어 있긴 하다. 겸손 유형을 측정하는 방법은 겸손의 정의와 측정 목적에 따라 달라질 수 있기 때문에, MBTI유형만으로 겸손한 성격을 규정짓는 것은 충분하지 않다고 생각한다. 단지 참고 자료로 활용할 가치는 있다.

겸손은 타고나는 것인가?

성격이 타고 난 것이냐 아니면 후천적으로 변하는 것이냐는 오랜 논란 거리다. Big 5 성격모델 옹호자들은 성격은 성인이 된 후에도 평균적으로 쉽게 변하지 않는 성향을 보인다고 주장한다.[59] 여기서 변한다 해도 그 변화는 유전적 요인에 원인이 있다는 것이다.[60] 반면에, 생애 기간 성격 발달 옹호자들은 삶의 변화와 역할 변화를 강조하며, 성격은 평균적으로 변화하며 심지어 성인 초기를 한참 지난 후에도 변화가 일어난다고 한다.[61] 예를 들어, 세계적인 심리학자 브라이언 리틀Brian R. Little도 '자유특성이론Free Trait Theory'을 제시하며 개인의 성격 특성은 타고 난 기질에 의해 형성되지만, 특정한 목적이나 상황적 요구에 따라 다른 방식으로 행동할 수 있다고 한다.[62] 이 이론에 의하면, 특정 행동이 반복될수록 그에 맞은 감정과 사고방식이 점차 형성될 가능성이 크다는 것이다.

앞선 두 가지 주장을 종합하여, 미국 매사추세츠 종합병원Massachusetts General Hospital 정신병리학 연구소 소장인 슈워츠Schwartz 박사는 자유의지는 우리를 상당히 멀리 데리고 갈 수는 있어도, 유전적 한계를 넘어서까지 무한대로 멀리 데려가지 주지는 못한다고 한다. 고무줄에 비유할 수 있겠다. 고무줄은 탄성도 있고 늘어날 수도 있지만, 그것은 어느 정도까지라는 것이다.[63] 이러한 심리 학자들의 의견을 종합하면, 겸손에는 기질적인 측면이 있다고 보는 것이 적절하다. 그러나, 그 정도에 있어서는 사람마다 다를 수 있다. 오만과 겸손의 연장선 상 어딘가에 위치한다. 그렇기에 우리는 앞에서 비유한 고무줄의 탄성을 최대한 늘릴 수 있다는 걸 기억해야 한다.

4) 스스로 겸손하다고 할 수 있는가?

일반적으로 우리는 본인 스스로 겸손하다고 말하는 사람은 겸손하지 않다고 생각하는 경향이 있다. 앞에서 살펴봤듯이 사람들은 오만을 보이는 사람을 싫어하지만 겸손한 척하며 은근하게 자랑하는 사람을 더 싫어한다는 연구 결과도 있다. (이와 같은 내용은 3부 〈겸손의 손익 계산서〉를 참고하기 바란다.) 그만큼 사람들은 겸손에 대한 잣대가 높다고 할 수 있다. 정작 자신은 겸손하지 않은데도 말이다.

미국 텍사스 A&M대학교Texas A&M Univ. 철학과 브라이언 로빈슨Brian

Robinson 교수는 겸손한 사람은 그저 자신이 겸손한 편이라고 막연하게 생각하는 경향을 보일 뿐이고, 누군가가 겸손의 증거를 그에게 제시한다면 그때는 자신이 겸손하다는 것을 믿을 것이라고 말했다. 하지만, 그는 곧바로 자신이 그저 겸손한 편이라는 막연한 생각으로 되돌아간다고 한다. 겸손한 사람이 자신의 겸손에 주의를 기울이지 않는다면 (즉, 막연하게 겸손한 편이라고 생각한다면), 평소에 자신이 겸손하다고 일부러 말하지 않을 것이다. 그렇다고 해서 그가 반드시 겸손하지 않다는 말은 아니다. 로빈슨 교수는 이로써 '스스로 겸손하다고 생각하거나 말하는 것은 겸손이 아니다'라는 겸손의 역설Paradox of Humility은 해결될 수 있다고 주장한다.[64] 또한, 그는 "자랑은 자신에 대한 무언가로 다른 사람들에게 깊은 인상을 주려고 노력하는 것이다."라고 했다. 어떤 사람이 겸손한 척하며 자랑하는 것은 자신이 인상적이지 않다는 것을 강조함으로써 다른 사람들에게 깊은 인상을 주려고 노력하는 것이다. 겸손은 누군가에게 훌륭하다는 인상을 주려고 노력하는 것과는 정반대이다. 그 이유는 당신이 자신(또는 당신 자신과 관련된 측면)을 대단한 사람이라고 생각하지 않기 때문이거나, 당신 자신의 장점에 대해 주의를 기울이지 않기 때문이다. 진정으로 겸손한 사람, 즉 겸양의 태도와 겸허한 마음을 지닌 사람은 자신이 남보다 뛰어나다고 생각하지 않는다. 남보다 나은 존재가 아닌 있는 그대로의 자기 자신에 만족한다. 내면이 안정되어 있기 때문에 상대방이 어떻게 생각할지에 신경 쓰지 않는다. 그래서 진정으로 겸손한 사람은 자신이 겸손한 줄을 모른다.

4.
우리의 마음 속에
겸손과 오만은
공존하는가?

여기서는 문헌적 고찰을 통해 사상가들의 주장을 살펴보고, 심리학자들의 연구와 기업 현장에서의 연구 사례를 소개하고자 한다.

데이비드 흄에 의하면, 자부심과 자괴감은 어느 하나에 의해 움직일 때 항상 고정된다고 한다. 혹, 그들이 부딪치면 한 쪽은 다른 쪽을 그 힘이 닿는 한 소멸시키고, 우월한 나머지 쪽만이 마음에 계속 작용한다. 그래서 교만함과 겸손함이 동시에 일어나는 것은 불가능하고 번갈아 가며 일어난다. 그리고, 그 감정들은 항상 우리 자신에 대한 관점에서 비롯된다. 예를 들어, 우리 자신에 대해 좋은 생각이 들 때 교만으로 의기양양하게 되고, 그와 반대되는 생각이 들 때 자괴감을 느낀다고 한다.[65] 위의 흄의 주장을 정리해 보면, 교만과 겸손의 마음은 어느 한 순간 동시에 존재할 수는 없으나, 둘 중 자아가 느끼는 감정이 우월할 경우 그 감정을 느낀다는 것이다. 다시 말하면, 자아에 관심을 기울이지 않을 때는 교만이나 겸손이 들어설 자리는 없다는 것으로 해석된다. 이 대목에선 우리가 익히 알고 있는 대 과학자의 사례를 통해 겸손과 교만의 공존성을 알아보고자 한다. 분명히 밝힐 것은 앞으로 소개할 과학자의 위업을 손상시킬 목적이 없고 단지 그분들도 우리와 같은 인간이라는 점을 상기시키고자 할 뿐이다.

아이작 뉴턴(Isaac Newton, 1643–1727)

뉴턴은 과학의 아버지라 불리며 중력, 운동, 고전역학에 대한 연구로 과학의 지형을 바꾸어 놓았고, 그 유산은 지금도 여전히 남아있다. 그럼에도 불구하고, 뉴턴은 과학이 개인의 업적이 아니라 공동 작업임을 인정한 겸손한 사람으로 유명하다. 그는 1675년 현미경을 통해 세포를 발견한 로버트 훅에게 보낸 편지에서 "내가 더 멀리 볼 수 있었다면, 그것은 내가 거인들의 어깨를 딛고 서 있기 때문입니다."라는 유명한 말을 남겼다. 또한, 자신을 '진리의 대양은 아직 발견하지 못한 채, 흥미로운 조개껍데기와 조약돌을 찾아다니며 해변가에서 노는 소년'으로 묘사하며, 자신이 아는 것보다 모르는 것이 훨씬 많다는 사실을 기꺼이 인정했다. 이처럼 겸손은 위대한 사람을 더욱 위대하게 만든다. 그러나 뉴턴이 모든 면에서 겸손했던 것은 아니었다. 1687년, 46세의 나이에 그는 자연철학의 수학적 원리Mathematical Principles of Natural Philosophy(일명 프린키피아)를 출간했다. 이 책에서 뉴턴은 관성의 법칙, 가속도의 법칙,

작용과 반작용의 법칙을 제시하며 과학사에서 가장 중요한 책 중 하나로 평가받고 있다. 그는 이 업적으로 왕립학회의 회장으로 선임되었고, 최초로 과학자로서 작위를 받은 인물이 되었다. 그러나 프린키피아를 집필하는 과정에서 그는 왕립천문대장인 존 플램스티드와 갈등을 겪었다. 플램스티드는 뉴턴에게 행성의 운동에 관한 중요한 데이터를 제공했으나, 이후 그가 요청한 데이터를 제공하지 않자 뉴턴은 강제로 자료를 압류했다. 뉴턴은 플램스티드의 적수였던 에드먼드 핼리에게 이 데이터를 전달해 책을 출간하도록 했고, 이후 플램스티드가 재판에서 승소하자, 뉴턴은 프린키피아의 모든 판에서 플램스티드의 이름을 삭제하여 복수했다. 세상을 엄청난 이론으로 뒤흔든 그도 역시 감정 앞에선 우리와 같은 인간이었다.[66]

우리는 인간이 복잡한 존재라는 것을 인정해야 한다. 인간의 심리에는 이중성과 모순되는 부분이 포함되어 있다. 아무리 정직한 인간도 내면의 자아가 완전무결한 것은 아니며, 그런 것이 목표가 될 수도 없다. 다만, 우리는 의식적으로 부적절하거나 파괴적이거나 자기 모순적인 행동에 빠지지 않으려 부단히 노력해야 한다. 완전한 이성을 가진 사람은 사고가 일관되고 논리적으로 귀결이 된다. 정서적인 감정들도 서로 부합된다. 예를 들어, 자기가 진정으로 좋아하는 사람을 진정으로 미워할 수는 없다. 또한, 어떤 사람의 행동을 불쾌하게 생각하면서 동시에 적절하다고 생각하지는 않는다. 일반화하면, 완전하게 이성적인 사람에게만 겸손과 오만은 양립할 수 없는 것이다.[67] 하지만, 현실에서 완전하게 이성적인 사람이 있겠는가? 우리 모두에게 이성의 정도는 다양하다. 그래서 인간이다. 어떤 사람이 어느 정도 비이성적이라면 그 사람은 자신의 약점을 인정하면서도 자신의 강점을 과대 평가할 수도 있다. 그 경우 그는 겸손하고 동시에 오만하게 될 것이다. 사실, 인간의 정신세계가 이를 허용하기 때문에 인간에게 겸손과 오만이 동시에 존재할 수 있다. 너무나 인간적이기에 그것이 가능하다고 본다. 단, 우리는 의식적으로 부적절하거나 파괴적이거나 자기 모순적인 행동에 빠지지 않으려 부단히 노력해야 한다. 그렇다면 기업에서 일하는 리더들의 마음 속에도 오만과 겸손이 공존할까? 오랜 회사 생활을 뒤돌아보면 그런 것 같다. 아래에 소개하는 논문들을 통해 그런지 확인해 보기로 한다.

싱가폴국립대학교National Univ. of Singapore 비즈니스 스쿨 에이미 오우Amy Y. Ou 교수에 의하면, 오만과 겸손이 겉보기에는 모순되는 것처럼 보이지만 잠재적으로 상호 보완적으로 작용한다고 한다. 그는 206명의 중국 CEO와 1,163명의 관리자를 대상으로 한 연구에서, 오만한 CEO가 겸손성을 갖출 경우 혁신적인 문화를 조성하고, 효과적으로 성과를 낼 가능성이 더 높다는 가설을 입증했다.[68] 또한, 미국 브리검영 대학교 Brigham Young Univ. 브래들리 오웬스Bradley Owens 교수가 이끄는 연구진은 오만한 리더와 겸손한 리더가 이끄는 팀의 생산성을 서로 비교했다. 전자가 이끄는 팀이 후자가 이끄는 팀보다 성과가 좋았지만 그 차이가 아주 크지는 않았다. 하지만 가장 높은 성과를 낸 리더는 오만과 겸손을 모두 지닌 사람이었다. 오웬스 교수는 자아 도취적인 동시에 겸손한 리더란 말은 모순처럼 여겨질 수도 있다고 말하면서도 "우리의 연구 결과를 보면, 상반돼 보이는 이 두 특성이 한 사람 안에 공존할 수 있으며, 이 특성들이 서로 상호작용을 하면서 더 긍정적인 결과를 일으킨다는 점을 보여준다."고 설명했다. 그러면서 그는 자아도취적인 리더도 오만을 겸손으로 교정하면 직원들에게 좋은 영향을 미칠 수 있다는 말도 덧붙였다.[69]

이렇게 2부 〈심리학으로 풀어본 겸손〉에서 우리는 겸손이 인간 내면의 깊은 심리적 메커니즘과 밀접하게 연결된 개념임을 알게 되었다. '더닝-크루거' 효과와 '평균이상효과', '인지종결욕구'와 같은 인지 편향은 우리가 지적 겸손의 본질에서 벗어날 수 있음을 보여준다. 지적 겸손은 자신의 지적 강약점을 인식하고 다른 사람의 의견에 귀를 기울이는 것이기 때문이다. 또한, 적절한 자부심과 겸손의 조합은 자칫 흐를 수 있는 오만이나 비굴한 태도를 막아준다는 것을 다시 한번 인지할 수 있었다. 그와 더불어 자신감 없는 겸손이라 할 수 있는 가면증후군도 극복할 수 있고, 사람들이 왜 오만한 사람을 싫어하는지도 함께 알게 되었다. 이렇듯 겸손은 심리학자들이 제시한 바와 같이, 자신의 부족함을 인정하면서도 자신의 가치를 왜곡하지 않는 건강한 자기 인식과 맞닿아 있다. 이제 새로이 펼쳐질 3부에서는 겸손이 가진 긍정적 측면과 부정적 측면의 두 얼굴에 대하여 살펴볼 예정이다.

3부

겸손의
손익계산서

우리는 종종 겸손하면 손해본다는 말을 듣는다. 그렇게 말하는 사람이 생각
하는 겸손의 정의는 무엇일까? 나름대로의 경험을 통해 또는 주변 사람들의
사례를 통해 축적된 인식에서 그러한 생각을 할 수는 있다고 본다. 과연 그
말이 맞는지 살펴보고자 한다. 3부에서는 다양한 심리학, 조직행동론 차원의
실증 사례들을 통해 겸손의 효익과 부정적 효과를 균형 있게 고찰해 보고자
한다. 이 챕터를 통해 베일에 가렸던 겸손의 실체가 과학의 힘에 의해 가려지
길 기대하며 시작한다.

만초손 겸수익(慢招損 謙受益)[70]

중국 고전에 나오는 말이다. 오만은 손해를 부르고 겸손은 이익을 얻는다는
뜻이다. 그러나 살다 보면 언제나 겸손이 이익을 가져다 주지 않을 수 있다.
경쟁이 치열한 환경에서는 자신의 가치를 적극적으로 알리지 않으면 존재조
차 인정 받기 어려울 때가 많다. 그렇기에 겸손이 손해를 불러 온다는 인식
이 생겨나는 것도 무리는 아니다. 하지만, 전통적으로 겸손은 신뢰를 쌓고 협
력을 이끌어내는 데 중요한 역할을 해 왔다. 또한, 우리는 2부에서 겸손한 태
도는 타인에게 긍정적인 인상을 남기고, 호감을 얻을 수 있다는 것을 알았다.
이제 우리는 겸손이 언제, 어떻게 효과적으로 작용할 수 있는지, 그리고 어떤
상황에서 역효과가 날 수 있는지를 아는 것이 중요하다.

겸손은 미덕 중에서
가장 터득하기 힘든 덕목이다.
자기 자신을 높이려는 욕망보다
더 없애기 힘든 것은 없다.

−T.S. 엘리어트

1.
겸손의
효익

인간이 가장 본질적으로 우선하는 것은 생존이다. 인간의 생존에는 두 가지가 있다. 하나는 '신체적 생존'이고 또 하나는 '사회적 생존'이다. 후자는 동물과 차별화되는 인간의 특권이나 다름없다. 겸손은 특히나, 사람의 사회적 생존과 직결된다. 이러한 맥락에서 겸손이 다양한 인간관계와 정신 건강에 어떠한 영향을 미치는지를 다양한 인간관계를 통해 알아보고자 한다.

1) 연인관계와 부부관계

사우스캐롤라이나 대학교Univ. of South Carolina 심리학과 모길스키J. K. Mogilski 교수 등 연구진은 남녀가 만나 파트너를 선택할 때 파트너의 겸손이 어떠한 영향을 미치는지 조사했다.[71]

연구진은 참가자 918명을 대상으로 여섯 가지 성격 모델(HEXACO: 정직-겸손성, 신경성, 외향성, 친화성, 성실성 및 경험에 대한 개방성)의 각 특성별로 파트너를 평가하도록 했다. 조사 결과, 참가자들의 파트너 순위 결정에 있어서 정직-겸손성이 다른 특성보다 훨씬 더 큰 영향을 미친 것으로 나타났다. 남녀 모두 이상적인 연인에게 필요한 자질 중에서 정직-겸손성이 신경성, 친화성, 성실성, 개방성 등 다른 모든 성격 특성보다 더 중요하다고 인식한 것이다. 그리고, 정직-겸손성은 단기적 관점(예: 성적 매력)보다 장기적 관점(예: 충성도)에서 상대적으로 더 중요했다. 이는 겸손이 장기적인 관점에서 바람직한 파트너의 중요한 특성으로 간주된다는 것을 의미한다. 이렇듯, 겸손은 이성에게 있어서 매력으로 어필할 수 있는 요소인 것이다.

또 다른 연구[72]에서는 400명이 넘는 참여자에게 연인의 겸손함, 연인과의 관계에 대한 만족도 그리고 충성도에 대해 질문했다. 조사 결과, 겸손한 연인을 만난 사람일수록 관계에 더 만족하고 용서를 잘 하는 것으로 나타났다. 이는 겸손을 장려함으로써, 불가피한 관계의 갈등 후에 관계의 만족도와 용서를 향상시킬 수 있다는 점을 시사한다. 결론적으로, 겸손한 사람들이 더 나은 관계를 맺을 수 있는 한 가지 이유는 그들이 관계에 더 헌신적이기 때문이라 할 수 있다. 또한, 겸손한 사람에게는 용서하는 마음을 불러일으켜 관계에 대한 만족도를 높인다는 연구 결과[73]도 존재한다. 미국 조지아 주립대학교Georgia State Univ. 상담심리학과 데이비스D. E. Davis 교수 등 연구진은 직전 두 달 동안 연인에게 자주 공격당하거나 상처를 받은 사람들(123명)을 동원했다. 참가자들은 그들이 받은 공격과 공격자에 대한 글을 썼다. 그런 다음 참가자들을 대상으로 6주 동안 매주 조사를 진행하여 공격을 받았을 때 얼마나 많이 공격자를 용서했는지, 공격자에 대한 시각이 얼마나 달라졌는지 물었다. 조사 결과, 겸손의 힘에 대한 강력한 증거가 나왔다. 조사를 진행하는 동안 상대방을 겸손하다고 평가한 사람은 그 상대방을 더 많이 용서할 수 있는 것으로 예측되었다. 겸손한 파트너는 자신도 틀릴 수 있다는 것을 알고 상대방의 관점을 이해하려고 하는 것으로 나타났다. 이와 같은 패턴은 관계를 유지하면서 두 연인 모두가 만족하도록 돕는다.

그런가 하면, 부부 사이에서도 겸손이 신뢰를 구축하고 보상 전략을 활용하게 하여 만족도를 높인다는 연구 결과[74]가 있다. 기혼자 195쌍을 대상으로 한 연구에서, 겸손이 신뢰와 효과적인 관계 회복의 매개 효과를 통해 부부만족도를 높인다는 것을 입증하였다. 그러나 배우자 중 한 쪽만 겸손하다고 생각하는 것으로는 부족하다. 배우자가 서로를 겸손한 사람이라고 느낄 때, 결혼과 같은 장기적 관계가 진실되고 만족스러워진다.

또, 배우자의 스트레스와 정신 건강을 측정한 연구[75]도 있다. 미국 리젠트대학교Regent Univ. 임상심리학과 리플리J. S. Ripley 교수는 부부 69쌍을 대상으로 출산 3개월 전에 부모가 될 사람을 먼저 조사한 후, 아기가 태어나고 3개월, 9개월, 21개월이 될 때마다 다시 조사했다. 연구 결과, 사람들은 대부분 시간이 지나면서 스트레스가 커졌으나 겸손한 배우자를 둔 경우(배우자를 겸손하다고 보는 경우), 스트레스를 덜 겪는 것으로 나타났다. 이처럼 겸손은 아기가 태어나면서 생기는 스트레스를 막고, 부부가 새로운 삶에 적응하는 방식을 개선하는 데 도움이 된다.

하지만, 이러한 결과에는 조건이 있다. 부부 모두 겸손할 때만 해당된다는 점이다. 두 사람 중 한 사람이 거만하면 효과는 사라진다. 부부 중 한 사람이 항상 베풀고 심지어 베풀면서 져주기만 한다면, 그 사람에게는 억울함이 쌓이게 되고 결국 이 부부는 감정적 비용을 대가로 치르게 된다. 처음 부모가 되는 시기처럼 긴장감이 높은 상황에서 무엇보다 필요한 것은 배우자 간의 상호 겸손이다. 두 사람 모두 상대방을 배려하는 겸손한 부부는 훨씬 더 높은 수준의 신뢰와 튼튼한 관계를 쌓을 수 있다. 물론, 겸손이 관계의 모든 문제를 해결하지는 못한다. 하지만 우리는 다수의 연구를 통해 겸손이 상호 신뢰와 존중을 바탕으로 상대방에게 더 헌신하고 감사하며 만족을 얻을 뿐 아니라, 더 건강한 관계를 맺을 수 있음을 알게 되었다. 겸손한 사람이 더 좋은 연인, 배우자, 동료가 될 수 있다.

2) 신입사원 면접

사람들은 누군가를 처음 만나면 상대가 어떤 사람일까 궁금해 한다. 첫 인상은 개인에 대한 지극히 주관적인 정보이면서 인간관계의 출발점이다. 첫인상은 2~3초만에 이루어진다고 한다. 그렇기에 첫인상은 일단 손해를 보고 시작하는 일이라고 각오하고 대인관계를 시작하는 편이 낫겠다. 어떻게 하는 것이 첫인상을 좋게 하는지에 대한 논의는 이 책의 범위를 넘는 주제다. 분명한 것은 자신의 모습을 있는 그대로 보여주고 상대를 존중하면 된다. 자기를 과대 포장하거나 상대를 비하하는 사람을 좋아할 리 있겠는가?

　나는 회사의 사원 채용 과정에 참여하여 많은 지원자를 만난 바 있다. 자기소개서에는 대부분 긍정적인 생각과 경험이 기술된다. 다시 말해, 자기 자신의 장점과 부족한 점을 객관적이고 균형 있게 기술하는 경우는 드물다. 특히, 자신의 부족한 점을 드러내는 경우는 더욱 드물다. 그러다 보니 면접관 입장에서는 개인의 자질과 능력을 파악하기 위해 자기소개서에 없는 내용을 알고 싶어 한다. 답변하는 사람 입장에서는 당황스럽고 불편할 수 있다. 정직은 곧 겸손에 해당된다. 왜냐하면 겸손은 자신의 강약점을 정확하게 보는 것이기 때문이다. 사실 처음부터 신입 사원에게 고도의 전문지식이나 경험을 기대하기는 어렵다. 그래서 자신의 부족한 점을 알고 새로운 것을 수용하는 개방적인 자세, 즉 겸손의 자세를 중요하게 본다. 여기서 우린 겸손함이란 결코 나약하거나, 자신감 없음이 아님을 알아야 한다. 그저 당당하게 자기의 경험과 의견을 피력하면 된다. 그럴 때 면접관은 신뢰감을 갖고 오히려 좋은 점수를 줄 수도 있다. 거짓 겸손은 금방 탄로나게 되어 있다. 결국 자신감과 겸손을 겸비한 신입사원은 환영 받을 수밖에 없다. 기업에서의 통상 채용 과정은 몇 단계를 거치게 되는데, 대개 어떤 프로젝트를 집단별로 수행하는 경우가 많다. 그 과정에서 후보자들의 자질, 협동 정신, 리더십 등을 파악하고자 애를 쓴다. 조금 더 이해를 돕기 위해 채용 과정에서의 겸손과 관련된 연구 사례[76]를 소개하고자 한다.

　조지아 주립대학교 상담심리학과 데이비스 교수 등의 연구진은 대학생들을 연구실에 부르고 작은 그룹으로 나누어 과제를 부여했다. 이 자리에서 처음 만난 학생들은 세 가지 과제를 해야 했다. 제일 먼저, 각자는 그룹에 자신의 강점과 약점을 큰 소리로 설명하는 것이었다. 그다음, 그룹 활동에 참여해 가상으로 달로 간 우주비행사가 되어야 했다. 우주 비행선은 기계 고장으로 원래 모선과 합류하기로 한 지점에서 300킬로미터 이상 떨어진 곳에 불시착했고, 계속 여행을 하기 위해 어떻게 자원을 배분할지 결정해야 했다. 각 그룹은 몇 차례의 논의를 거쳐 생존에 필요한 열다섯 가지 품목을 고른 후, 단계마다 문제를 공동으로 해결하되, 만장일치로 결론에 이르러야만 다음 문제로 넘어갈 수 있었다. 그렇게 마지막 과제까지 완수해야 했는데, 이러한 상황은 그들에게 권력을 과시하고 경쟁적으로 논의에 임하는 태도를 살펴보기에 적절하도록 설정되었다. 마지막으로, 참가자들은 각 단계의 활동이 끝날 때마다 다른 학생들과 자신의 겸손을 평가했다. 이 연구에서는 두 가지 핵심 결론이 도출되었다.

첫째, 정말 겸손한 사람은 자신을 평가하는 점수를 과장하지 않았다. 하지만 거만한 사람은 과장해서 적었다. 즉 거만한 사람은 다른 사람이 평가한 것보다 자신이 더 겸손하다고 주장한 셈이다. 반면 겸손한 사람이 자신의 겸손을 평가한 결과는 다른 사람들이 평가한 것과 유사했다.

둘째, 더욱 중요한 사항은 사람들이 겸손한 사람을 좋아하고 앞으로도 함께 일하기를 원했다는 점이다. 간단히 말해, 사람들은 겸손한 사람을 잘 받아들이며, 그 사람과 계속 관계를 유지하길 바란다. 첫 만남에서(특히 갈등이 생길 수 있는 공동 작업에 참여할 때) 겸손이 잠재적인 친구와 팀원을 끌어들이는 중요한 특성이 있음을 알 수 있다. 조직에서 이런 부류의 사람을 싫어하겠는가?

3) CEO의 겸손: CEO의 겸손이 하부 조직에 미치는 파급 효과

기업에서 CEO의 겸손이 산하 임원층과 중간 관리층에 어떠한 영향을 미치는지 연구한 흥미로운 논문[77]이 있어 그 내용을 아래의 그림[78]과 함께 간략히 소개한다.

조지 워싱턴 대학교George Washington Univ. 지싱 샤오Zhixing Xiao교수, 싱가폴국립대학교 에이미 오우Amy Y.Ou 교수 등이 63개 중국 기업(제조업 41%, 서비스업 59%)과 그곳에 속한 임원층 328명과 중간 관리자 645명을 대상으로, CEO의 겸손 리더십이 산하 임원층 및 중간 관리층의 행동, 조직 분위기 그리고 성과에 어떠한 영향을 미치는지를 조사했다. 설문 및 인터뷰를 병행하여 조사한 결과, 임원 및 중간 관리자들이 생각하는 CEO의 겸손은 다음과 같았다. 그들은 자신의 장점과 약점을 객관적으로 바라보고, 타인의 강점과 성취를 인정하며, 타인의 의견과 피드백에 개방적이고, 개인의 욕구보다는 공동의 선을 중요시하며, 개인은 우주의 일부라는 존재론적 인식을 갖고 있었다. 리더는 강하고 자기 주도적일 것이라는 일반적 통념과는 다른 결과였다. 이 연구에 따르면, 겸손한 CEO는 경영의 의미를 공유하고, 의사결정에 구성원의 참여를 유도하며, 개인의 자율과 책임을 중시하는 등 권한위임형 리더십을 발휘하는 것으로 나타났다. 이러한 CEO의 리더십은 임원들의 협동, 정보 공유, 비전 공유 및 공동 의사결정 등 통합적이고 완성도 높은 조직 분위기를 유발했다. 이러한 상부의 권한위임적 조직 분위기는 중간 관리층으로도 고스란히 이어지고, 중간 관리자들은 각자의 직무에 더욱 몰입하고, 조직에 대한 소속감과 충성심을 느끼며, 결과적으로 업무 성과로 이어지는 것으로 나타났다. 물론 이 연구 결과를 일반화하기에는 제약이 있을 수 있으나, 우리나라와 비슷한 문화권에 있는 기업 구성원들의 생각인 만큼 우리에게 시사하는 바는 크다고 할 수 있다.

CEO의 겸손이 하부조직에 미치는 파급효과

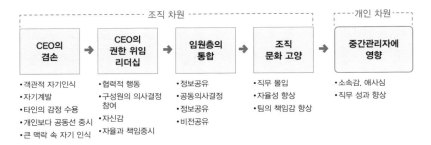

※출처: Ou, A., Tsui, A., Kinicki, A., Waldman, D., Xiao, Z., & Song, L. (2014). Humble chief executive officers' connections to top management team integration and middle managers' responses. Administrative Science Quarterly, 59(1), 34-72.

4) 개인의 정신 건강

상대적으로 다른 사람들보다 더 겸손한 사람들이 신체적, 정신적 건강 수준이 더 높다는 연구 결과가 늘어나고 있다. 닐 크라우스 Dr Neal Krause 미시간 대학교The Univ. of Michigan 보건 교육학과 교수는 과거 스트레스를 받았던 사건들이 네 가지 웰빙 척도(행복, 삶의 만족도, 우울감, 일반적 불안 장애)에 미치는 영향을 겸손이 완화시키는지를 밝히는 연구[79]를 실시했다. 전국적으로 미국인 3,010명을 대상으로 조사한 결과에 따르면, 스트레스가 컸던 사건들과 웰빙의 네 가지 척도 사이의 부정적인 관계의 크기는 겸손한 사람들 사이에서 제일 많이 감소했다.

하나의 연구를 더 소개하자면, 미국 찰스턴대Univ. of Charleston 심리학과 리사 로스Lisa T. Ross 교수는 두 표본(대학생 309명, 성인 599명)을 대상으로 관계적 겸손, 환경적 겸손, 우주적 겸손, 종교적 겸손, 맥락적 겸손(자신의 성취는 타인의 도움과 운이 작용한 것이라는 생각)의 다섯 가지 차원에서 행복감을 측정했다.[80] 연구 결과는 두 표본 모두에서 겸손이 몇 가지 정신건강에 긍정적인 작용을 하는 것으로 나타났다. 대학생들의 경우, 겸손의 다섯 가지 차원 모두에서 삶에 대한 애정을 더 느끼고, 우울 증상은 감소했다. 타인 지향적인 겸손, 종교적 겸손 그리고 맥락적 겸손은 더 큰 행복감과 관련이 있었다. 일반 성인의 경우, 종교적 겸손을 제외한 모든 차원의 겸손은 더 나은 행복과 관련이 있었다. 그리고 전반적으로 더 겸손한 성인이 적은 불안감을 느끼는 것으로 나타났다.

2.
겸손의
역효과

1) 겸양의 완곡어법

*대한항공 801편 추락 사고: 1997년 8월 6일 대한민국 김포국제공항에서 출발한 801편은 미국령 괌의 앤토니오 B.원 팻 국제공항에 착륙을 시도하던 중 추락했다. 이 사고로 승객과 승무원 254명 중 229명이 사망했다.

그날 밤, 착륙 30분 전, 비행기는 괌 상공에 도달했고, 파일럿들은 멀리 공항 불빛을 보았다. 기장은 날씨가 좋다고 착각하고 육안 착륙을 선언했으나, 실제로는 폭풍우 구름을 통과해야 하는 상황이었다. 괌 공항은 폭우로 시야가 제한된 상태였고, 착륙을 돕는 글라이드 스코프 장비가 고장 나 있었다. 조종사들은 이 상황에서 '육안 착륙'을 시도했으나, 곧 혼란에 빠졌다. 착륙 직전 글라이드 스코프 신호가 감지되었지만, 이는 잘못된 신호였다. 조종사들은 이 신호에 의존하면서 고도 확인 절차를 생략했고, 규정 고도를 무시한 채 비행을 이어갔다. 부기장은 기상 레이더의 이상을 감지했으나 이를 명확히 지적하지 못했다. 부기장과 기관사는 힌트를 주는 데 그쳤고, 기장은 이를 심각하게 받아들이지 않았다. 당시 주고받은 대화 내용이다.[81]

> 기장: 꽘 날씨 좋네.(착륙 30분 전)
>
> 기관사: 오늘 기상레이더 덕 많이 본다. (그는 "구름을 뚫고 나가면 활주로를 볼 수 있을 것 같다고 하셨는데, 만약 안 보이면 어떻게 하시겠습니까? 밖은 여전히 깜깜하고 비는 쏟아지는데 글라이드 스코프는 작동하지 않고 있습니다." 이렇게 말하지 못했다.)
>
> 기장: 정말 쓸모 있지. (사실 그는 듣고 있지 않았다.)

실제로 조종사들은 활주로를 발견하지 못했다. 최저 안전고도 경보가 울렸고, 비행기는 활주로 대신 니미츠 힐의 경사면으로 접근하고 있었다. 부기장은 "착륙을 포기합시다."라고 말했으나, 그 순간 적극적으로 조종권을 넘겨받지 못했다. 비행기는 복행Go Around을 시도했으나 이미 늦은 상태였다. 오전 1시 42분 25초, 보잉 747기는 니미츠 힐에 충돌하며 비극적인 사고로 이어졌다. 조사단은 부기장이 해당 시점에서 조종권을 넘겨받아 재착륙을 시도했더라면 충돌을 피할 수 있었을 것이라고 결론지었다. 하지만, 조종사들 사이의 불명확한 의사소통과 규정 미준수가 비극의 원인으로 작용했다. 이 사고는 상대를 지나치게 배려하거나 겸양하려는 태도가 중요한 순간에 판단과 행동을 방해할 수 있음을 보여준다. 특히 위계질서가 강한 조직에서는 자신이 느낀 위험을 명확히 전달하지 못하면 큰 사고로 이어질 수 있다. 중요한 상황에서는 완곡 어법 대신 자신이 가진 의견을 분명히 표현하는 것이 얼마나 중요한지를 이 사건은 가르쳐준다. 배려와 겸양도 중요하지만, 비판적 사고와 책임감 있는 의사소통이 생명을 살릴 수 있다. 결국, 사고의 원인은 일차적으로 악천후이고, 기장의 피로, 그리고 비행기 착륙을 유도하는 레이저 빔 장치의 고장에 따른 조종사들의 판단 실수가 주요 원인으로 밝혀졌지만, 위기상황에서 나타난 승무원들의 지나친 완곡 어법도 간접적인 원인이었음을 알 수 있다. 이 사고는 겸양을 중시하는 위계적 문화에서 나타나는 어두운 단면으로 남게 되었다.

2) 상급자의 약점 공개

조지아공과대Georgia Tech 다나 하라리Dana Harari 경영학 교수 및 동료 교수들은 실험실 연구를 통해, 일과 관련된 경우와 일과 무관한 경우로 나누어 상급자가 자신의 약점을 공개할 경우 하급자에게 어떠한 영향을 미치는지를 조사했다.[82] 일반적으로는 자기의 약점을 드러내는 것이 특히 대인관계에 긍정적인 영향을 미친다고 알려져 있다. 그러나 연구 결과, 두 경우 모두 상급자에 대한 하급자의 인식에 부정적인 영향을 미친다는 것을 발견했다. 결과적으로 공개자의 영향력을 약화시키고, 과업 갈등을 유발하며, 공개자와의 관계의 질을 저하시켰다.

그러나 동료 관계에서 약점 공개자는 이러한 부정적인 응답을 유발하지 않았다. 연구진은 동료가 아닌 상급자는 본인의 약점 공개 후 위상 손상을 경험하는데, 그 이유는 이러한 개인의 취약성 노출로 사람들이 상급자에 대한 기대치를 훼손하기 때문이라고 한다. 상사, 동료, 부하 모두 동일한 목적을 수행하는 조직의 구성원인데, 서로를 보는 시각에 차이가 있음을 알 수 있으며 인간 심리의 복잡 미묘함을 느끼게 된다.

3) 상급자의 자기 홍보

프랑스 인시아드INSEAD 조직행동학 앤디 얍Andy J. Yap 교수와 IE경영대학원 조직행동학 켈리 날트Kelly Nault 교수는 조직에서 상대적으로 높은 지위에 있는 사람이 자기 홍보를 할 경우 관찰자에게 어떠한 영향을 미치는지 조사하였다. 연구진은 미국, 영국, 싱가포르에서 약 2,600명의 참가자를 대상으로 실험 연구[83]를 진행했다. 연구 결과, 상급자가 동료 또는 부하 직원을 대상으로 자기 홍보를 할 경우, 관찰자는 유사 분야에서 자기도 성공할 수 있다는 희망과 영감 등 긍정적인 영향을 받았다. 그러나, 동료가 동료를 대상으로, 또는 부하가 상사를 대상으로 자기 홍보를 할 경우는 부정적 영향을 유발했다. 상급자에 의한 자기 홍보의 긍정적 효과는 의도성이 없을 때 더 큰 효과를 이끌어냈다. 상급자에 의해 이끌어낸 고무적, 긍정적 영향은 차례로 관찰자에 더 큰 동기로 이어지며, 마지막으로, 관찰자가 자기 홍보하는 상급자를 롤모델로 볼 때 이러한 긍정 효과가 강화된다는 점을 발견했다. 반대로 자원과 같은 명백한 제약으로 인해 부하 직원이 결코 달성할 수 없는 일에 대해서는 자랑하지 않는 것이 중요하다는 것을 알게 되었다. 예를 들면, 어릴 때 일본에서 자란 행운으로 일본 관련 성과를 이룬 것은 말하지 않는 것이 좋다는 것이다. 이러한 경험은 관찰자에게는 오를 수 없는 나무이기 때문이다. 더불어 연구진은 같은 말을 반복하지 말라고도 충고한다.

4) 은근한 잘난 척

사람들은 직접적으로 드러내 놓고 하던 자랑을 투덜거림이나 뻔한 불평 속에 은근히 숨기곤 한다.(예, "최근에 한 달 간 남미 쿠르즈 여행을 다녀왔는데 이미 가본 데도 있고 해서 별로 재미가 없었다.") 겉보기엔 겸손 떠는 것 같은데 실은 은근한 자기 자랑을 하고 있다. 또한 불평을 하지만 은연중에 자랑을 드러내고 있다. 이를 가리켜 '은근한 잘난 척 humblebragging'이라고 한다. 겸손하다는 뜻의 'humble'과 자랑하다는 뜻의 'brag'가 합성된 것이다. 옥스퍼드 사전은 '표면적으로는 특별할 것 없는 혹은 자기 비하적인 발언이나 행동인데, 실제 의도는 남들에게 자랑하고 싶은 어떤 것에 관심을 끌기 위한 말이나 행동'이라고 정의한다. 이러한 심리를 분석한 흥미로운 연구[84]가 있어 이를 소개한다. 은근한 잘난 척은 듣는 사람이 눈살을 찌푸리고 마는 정도를 넘어 상당히 부정적인 효과를 낳기도 한다.

하버드대Harvard Univ. 경영대학원에서 왜 이런 말과 행동이 대인관계에

악영향을 끼치는지 직접 실험을 통해 확인했다. 300여명의 실험 참가자들에게 여러 가지 상황에서 은근한 잘난 척humblebrags, 직접적인 자랑brags, 불평이나 투덜거림complains등을 보여주고 반응을 살펴봤더니, 직접 얼굴을 맞대고 이야기를 나누는 경우든 소셜미디어에서든 사람들은 은근히 잘난 척하는 것을 가장 싫어했다. 연구진은 "솔직히 자랑을 하거나, 아닌 척 은근히 자랑을 하는 두 가지 선택지가 놓였을 때, 솔직하게 자랑하는 쪽을 택하는 사람은 적어도 솔직함에서는 점수를 땁니다." 라고 말한다. 은근히 잘난 척하는 사람들은 두 번 점수가 깎이는데, 일단 자랑 자체를 다른 사람들이 별로 좋아하지 않고, 여기에 이를 에둘러 말해 뻔한 속내가 보이는 순간, 사람들은 그 사람에 대해 진술하지 않다는 인상을 받는다. 독자들도 SNS 상에서의 경험을 해보았을 것이다. 문제는 은근히 잘난 척하는 사람들이 얼마나 큰 역효과를 가져다줄지 짐작조차 못하고 있다는 데 있다. 하버드대 경영대학원 연구진은 그 이유를 다음과 같이 정리하였다.

"그들은 자기가 잘한 일, 칭찬받을 만한 일을 적절히 알려서 찬사를 받거나 기분 좋은 경험을 했을 겁니다. 그리고 동시에 이를 지나치게 떠벌리지 않고 있다는 느낌에 스스로 빠져 만족하고 있을지도 모릅니다. 하지만 화자가 아니라 청자 입장에서 보면, 실상은 잘난 척하는 모습, 그걸 또 어설프게 아닌 척 겉으로 겸양을 떠는 모습 두 가지가 모두 눈꼴 시릴 때가 많다는 겁니다"

5) 자기 높임 vs 자기 낮춤

　사람들은 누구나 타인으로부터 사랑과 존경을 얻으려고 한다. 존중과 사랑은 서로 배타적인 관계다. 예를 들어, 친구 간에도 자신의 강점을 강조해서 말하면 유능함을 인정하면서도 호감은 떨어질 수도 있다. 그래서 사람들은 남으로부터 호감을 얻으려고 자신의 능력을 감추는 것이 좋다고 말하는 것이다. 그런데 호감을 얻자고 너무 겸손을 떨면 무능하다는 인상을 심어줄 수도 있다. 물론 서로의 장단점을 잘 아는 사이에서는 이러한 기교가 통할 리 없다. 따라서 자신에 대한 정보가 없는 상태에서는 상대가 누구냐, 또는 만남의 목적이 무엇이냐에 따라 적절하게 자신을 표현해야 한다. 다시 말해, 자기 자랑과 겸손 사이에서 균형을 유지해야 한다. 예를 들면, 변호사나 의사 같은 전문직 종사자는 잠재적인 고객과 처음 만났을 때 겸양보다는 자기를 드러내서 존경을 얻을 필요가 있다. 반면, 친한 사이에서는 잘난 척하면 역효과다. 친할수록 겸손하면 호의와 존경을 받을 확률이 높다.

　중국 북송의 유학자 사마광이 편찬한 역사서인 〈자치통감〉에 재덕상보才德相輔라는 말이 있다. '재능이 없으면 덕은 빛을 발할 길이 없고, 덕이 없으면 재능은 오합지졸처럼 잔재주에 그치고 만다.' 즉, 어느 하나라도 부족하면 안 된다는 것이다. 다시 말하면, 재능이 덕을 압도하는 재승덕才勝德은 박덕하고, 덕만 지나치게 불거진 덕승재德勝才는 무능하다는 지적을 받기 마련이라는 것이다. 이처럼 재능은 덕의 기본 병력이고, 덕은 재능의 지휘관이다. 또한, 여기에 재능과 겸손의 균형을 강조한 말이 또 있다. 〈후진타오의 이야기〉(명진출판, 2010)의 저자 박근형은 재능이 빛을 발하기 위해서는 그것을 감싸 줄 겸손이 필요하다고 칼과 칼집에 비유를 들어 설명했다. 적절한 비유라 할 수 있다. 다시 말하면, 현명한 사람은 능력을 발휘해야 할 때와 능력을 감추어야 할 때를 잘 파악한다. 대중이나 사회의 시선이 바라는 것은 칼을 휘두르는 것보다 칼집에 넣어두는 겸손의 모습이다. 칼을 들고 설치다가 내 칼에 내가 맞는 사태도 발생할 수 있다.

이번엔 자기 높임과 자기 낮춤에 관련된 흥미로운 연구를 한 가지 소개하고자 한다. 연세대학교 김주환 교수는 학교에서 첫 개강 수업에서 교수들이 학생들 앞에서 자기 자신을 높이는 것과 겸손하게 낮추는 방식을 제시했을 때 학생들이 어떻게 받아들이는가에 대해 연구했다. 이 연구[85]는 미국 캘리포니아 소재 대학, 하와이 소재 대학, 한국 대학 세 군데를 대상으로 했다. 연구 결과, 한국 학생들은 자기 과시형 교수에 비해 겸손형 교수를 실력이 없는 교수로 판단했고, 호감도는 비슷했다. 아마 학생들은 학교가 지식을 습득하는 곳이라는 인식을 갖고서 교수가 유능하기를 바랐을 것이다. 참고로 두 지역 미국 학생들도 겸손형에 대해서는 다 유능함이 적다고 판단했다. 단, 미국 학생들은 한국 학생들에 비해 겸손형 교수에 대해 좀 더 높은 호감도를 보였다. 물론 소통 능력에 영향을 주는 요소들은 많이 있다. 말하는 내용뿐만이 아니고, 표정, 몸짓, 자세, 말투 등 비언어적 행위도 중요한 요소이다. 이처럼 자기 높임과 자기 낮춤 사이의 균형은 맞추기는 어렵지만 더 나은 인간의 성숙을 위해 필요한 과정이다.

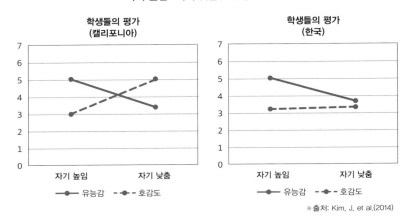

자기 높임 · 자기 낮춤간의 상관관계

학생들의 평가
(캘리포니아)

학생들의 평가
(한국)

※출처: Kim, J. et al.(2014)

　기본적으로 겸손한 행동은 이득을 가져다 준다. 장기적으로 보면 더욱 그렇다. 정직을 포함한 겸손은 다른 사람들로부터 호감과 신뢰를 쉽게 얻고, 그렇게 얻은 신뢰는 적금처럼 쌓이고 시간이 흐를수록 이자까지 붙는다. 더구나 겸손한 행동에는 비용이 들지 않는다. 결국 겸손의 손익계산서는 흑자가 된다. 이렇게 겸손으로 얻은 이익은 개인의 '인생 재무제표'에서 자산이 된다. 이 자산은 무형의 사회적 자산이다.

　또 하나 중요한 것은, 관계적 겸손의 효익과 함께 겸손한 사람이 가지는 정신적 건강이다. 겸손한 사람은 자아에 대해 초점을 별로 두지 않고, 더 큰 무엇의 일부라는 큰 맥락에서 바라보기 때문에 정서적 안정감을 유지하며 축복과 감사와 같은 긍정적 정서를 더 잘 느끼게 된다. 하지만, 겸손이 다양한 실질적 이익을 제공하는 사회적, 심리적 자산이라 하더라도 역효과도 있음을 실증 연구를 통해 알게 됐다. 이제 독자들이 그 균형점을 잘 찾아갈 것이라 믿는다. 짧고도 긴 인생에 걸쳐 겸손의 손익계산서를 결산한다면 반드시 이익으로 남을 것이다. 이 점을 이번 3부의 가장 중요한 메시지로 남기고 싶다.

.

4부

동양과 서양의
겸손

세계는 글로벌화가 진행되면서 점차 동서양의 문화도 융합되는 방향으로 나아가고 있다. 우리가 서양 사람들의 심리를 이해한다면 그들을 이해하고 친구로 받아들이기 쉬울 것이다. 그러기 위해 먼저 동·서양의 세계관과 자아관을 알아보고자 한다. 고대 중국인들은 인간을 사회적이고 상호 의존적인 존재로 파악했다. 그들에게 있어서 개인은 '특정 집단에 소속된 구성원'이었다. 중국의 핵심 도덕인 유교에서는 조화로운 인간관계를 중요하게 여겼는데, 그 조화란 '인간들 사이의 화목'을 의미한다.

〈생각의 지도〉의 저자 리처드 니스벳(Richard Nisbett) 교수는 이러한 사고의 문화적 기원이 중국의 자연 환경에 따른 농경 문화에서 비롯됐다고 봤다.[86] 농경민들에게 중요한 것은 공동 작업과 서로 간의 화목한 생활이었다. 중국인들은 인간관계의 조화를 중시하기 때문에 모순과 논쟁을 회피하고, 자신을 남들과 비슷하다고 생각하고 자신을 덜 내세우는 성향을 가지고 있다. 이와 대조적으로, 고대 그리스인들은 개인을 독립적이고 개별적인 존재로 보았으며, 자신의 운명을 스스로 통제할 수 있다고 믿었다. 이러한 사고의 문화적 기원은 그리스 자연 환경의 소산이라고 본다.[87] 그리스는 해안까지 연결되는 산으로 이루어진 나라이기 때문에 농업보다는 수렵, 목축 그리고 무역에 적합했다. 따라서 그들에게는 협동과 화목이 크게 요구되지 않았고 자율성이 높았을 것이다. 그들은 자신의 특성을 과대평가하고 남의 눈에 띄고 싶어 하는 경향이 있으며, 논쟁에 적극 참여한다. 물론, 중국과 서양 사이의 이러한 차이가 중국 사람과 서양 사람 모두에게 그대로 적용되는 것은 아니다. 단지 평균적으로 보았을 때 중국인과 서양인 사이에 '겸손'에 대한 인식 차이가 존재하는 것은 사실이다.

이렇게 중국인과 서양인의 인식 차이를 이루는 문화적, 철학적 배경을 간단하게 살펴보았다. 이제는 본격적으로 이러한 사상들이 고스란히 담긴 동·서양의 고전에서 겸손을 어떻게 바라보았는지 알아보는 시간을 가지고자 한다.

겸손한 사람은 모든 타인의 마음을
이해하는 일에 요령이 있다.
누구를 대하든 자신이 아랫사람이 되는 것이다.
그러면 저절로 자세가 겸손해지고
이로써 상대에게 좋은 인상을 준다.
그리고 상대는 마음을 연다.

– 괴테

1.
서양의
겸손

1) 고대 그리스 · 로마의 겸손 (소크라테스/ 이카로스/ 메멘토 모리)

서양의 겸손 개념은 철학적, 종교적, 사회적 맥락에서 발전해왔다. 고대 그리스 시대에 겸손은 미덕이 아니었다. 〈델포이 규범Delphic Canon(기원전6세기)〉의 147개 금언에 '겸손'이라는 단어는 없다. 명예와 수치를 기반으로 하는 사회에서 겸손은 종들이 취하는 천한 태도에 불과했다. 이렇게 명예를 중요하게 여기는 사회에서는 겸손이 미덕으로 여겨지는 일은, 설사 있다 하더라도 극히 드문 게 당연했다. 다른 사람보다 뛰어나기를 열망했던 그들에게 겸손은 삶의 낙오자들에서나 발견되는 혐오스러운 특징이었다. 이러한 문화적 배경은 영어 'humility'에 남아 있는데, 이 단어에는 겸손과 겸허의 의미가 있지만, 굴욕, 굴종, 치욕, 부끄러움, 허약, 무기력한, 비천한 등등의 의미 또한 바탕에 있다. 심지어 Humility는 '비굴humiliation'과 동의어로 간주되기도 했다. 그러나 이러한 명예 추구 문화에서도 인간의 한계를 상기시키고 오만한 본성을 억제하고자 하는 현인들의 노력은 있었다. 그에 대한 이야기들을 소개해 보고자 한다.

지적 겸손의 선구자, 소크라테스

그러한 현인들 중에서 가장 대표적인 사람이 소크라테스다. 그가 사람들에게 다가간 것은 가르치기 위해서가 아니었다. 그는 자신이 아무것도 모르는 사람인 것처럼 행동했고, 궁극적으로는 상대가 자신의 생각을 바꾸도록 만들었다. 그는 '산파술(또는 소크라테스식 문답법)[88]'이라는 대화를 통해 상대방이 스스로 자신의 무지를 알아차리도록 도왔다. 우리가 익히 알고 있는 '너 자신을 알라'는 델포이의 아폴로 신전 현관 기둥에 새겨져 있는 문구다. 소크라테스가 자주 인용했기에 우리는 이 문구가 소크라테스가 지어낸 것으로 알고 있을 정도다. 소크라테스는 인간의 지혜가 신에 비하면 하찮은 것에 불과하다는 입장에서, 무엇보다도 먼저 자기의 무지를 아는 엄격한 철학적 반성을 중요시했다. 이처럼 소크라테스는 오늘날 지적 겸손의 선구자라 할 수 있다.

이카로스 이야기

그리스 신화에도 인간의 겸손을 일깨우는 이야기들이 많이 있다. 그중 하나가 이카로스Icarus 이야기다. 어느 날, 크레타의 미노스 왕의 미궁을 지은 아테네 최고 건축가 다이달로스가 왕의 미움을 사 그 미궁에 갇혀 있을 때, 그곳을 탈출하기 위해 새의 깃털과 밀랍으로 만든 날

개를 아들 이카로스Icarus에게 달아주면서 '너무 높게도 너무 낮게도 날지 말라.'고 말한다. 그들은 드디어 미궁을 탈출하게 되는데, 이카로스는 비행에 재미를 느낀 나머지 더 높이 날고 싶은 욕망에 혼자 하늘 높이 날아올랐다. 이카로스가 태양 가까이 올라가자 뜨거운 태양의 열기에 밀랍이 녹기 시작했고 이카로스는 곧바로 바다에 추락했다. 그리스 신화에서 항상 인간에게 경계하도록 한 것은 '오만hubris'이다. 일반적으로 인간이 자기 자신을 알지 못하고 한계를 넘어서는 경우를 '신들에 대한 도전'으로 형상화한 것이다.

메멘토 모리

옛날 로마 시대에 원정에서 승리를 하고 개선하는 장군이 시가행진을 할 때, 노예를 시켜 행렬 뒤에서 "메멘토 모리Memento Mori"를 큰 소리로 외치게 했다. 라틴어로 '죽음을 기억하라'는 뜻이다. 다시 말해, "전쟁에서 이겼다고 너무 우쭐대지 말라. 오늘은 개선 장군이지만, 너도 언젠가는 죽는다. 그러니까 겸손하게 행동하라."는 뜻이라 할 수 있다.

2) 기독교의 겸손

겸손이라는 현대의 개념이 어디서 왔는지 추적해보면, 유대인 예수가 그것과 밀접한 관련이 있음은 의심의 여지가 없다. 흥미롭게도 서구 문화에서 겸손이 하나의 덕목으로 자리 잡게 된 것은, 예수의 처형을 혁명적으로 해석한 제자들의 노력 덕분이었다. 십자가형은 고대 세계에서 최고형이었다. 정치적 반역자와 노예들만이 이러한 처벌을 받았다. 십자가형, 참수, 화형이란 세 가지 공식 사형 방식 중에서도 십자가형은 가장 수치스럽고 잔인한 것으로 여겨졌다.[89] 그러나, 제자들이 보기에 예수의 십자가형은 예수의 굴욕이 아니라, 위대함을 겸손하게 드러낼 수 있다는 증거였다. 그렇게 명예와 수치가 완전히 뒤집어졌고, 제자들에게 가장 존경받는 예수가 가장 수치스러운 십자가를 짊어지고 스스로 낮추었지만 칭송과 흠모의 대상이 되었다. 이것이 바로 겸손 혁명이다.[90]

이러한 겸손은 사도 바울Paul the Apostle이 서기 60년경 그리스 북부에 있는 빌립보라는 로마 식민지의 그리스도인들에게 보낸 편지에 나타난다. 바울은 교인들에게 자신보다 다른 사람을 낮게 여기며 겸손하게 살라고 권한다. 바울은 자기가 직접 두 눈으로 본 예수의 행위와 가르침을 그대로 행했다. 대표적인 사례로, 예수는 최후의 만찬 중에 방 안에서 수건을 두른 채 나와 열 두명의 제자들의 발을 하나씩 씻어주고 정성스럽게 닦아주었다(요한복음 13:3~11). 이러한 예수의 겸손은 바울을 감명시켰을 것이다. 바울이 빌립보 그리스도인들에게 편지를 쓴 후, 수십 년 동안에도 '겸손'은 자주 강조되었고, 겸손은 기독교 안에서 한 덕목으로 굳게 자리 잡았다. 빌립보서 2장 3절은 겸손의 대표적 모델이라 할 수 있다.

"아무 일에든지 다툼이나 허영으로 하지 말고 오직 겸손한 마음으로 각각 자기보다 남을 낮게 여기십시오."

이렇게 겸손의 라틴어인 '후밀리타스Humiltas'가 부정적 의미에서 긍정적인 의미로 바뀌게 된 것이다. 베들레헴에 위치한 〈예수 탄생 교회〉에 들어가려면 입구에 높이 120cm, 폭 80cm 정도의 작은 문을 고개를 숙이고 들어가야 한다. 이 교회 안으로 들어가기 위해서는 왕이나 장군, 누구라도 허리를 굽히고 고개를 숙여야 들어갈 수 있도록 했다. 이 문은 '겸손의 문' 혹은 '좁은 문'으로 불린다. 예수님을 만나러 가는 사람의 마음이 겸손해야 함을 보여준다.

· 잠깐의 겸손 사전: 성경 속 겸손 구절 ·

- 누구든지 자기를 높이는 사람은 낮아지고 자기를 낮추는 사람은 높아진다.(마태복음 23:12)
- 겸손한 자와 함께 하여 마음을 낮추는 것이 교만한 자와 함께 하여 탈취물을 나누는 것보다 나으리라.(잠언 16:13)
- 주님 앞에 자신을 낮추면 주님께서 여러분을 들어 올리실 것이다.(야고보서 4:10)
- 교만이 오면 치욕이 따르지만 겸손이 오면 지혜가 온다.(잠언 11:2)

신神 중심적 세계관이 지배한 중세에도, 이러한 기독교의 겸손은 인간이 자신의 한계를 인정하고 하느님의 은총과 자비에 의존하는 것이며, 죄를 뉘우치고 회개하며 자신의 욕망과 교만을 억제하는 태도로 인식되었다.

3) 근대와 현대 심리학·철학에서 본 겸손

초기 기독교에서 시작된 겸손의 개념은 중세를 거칠 때까지 인간은 신 앞에 미천한 존재라는 것이었다. 그러나, 르네상스와 계몽주의 (14~18세기) 시대의 겸손 개념은 인간의 존엄성과 개인의 이성을 강조하는 시대적 변화에 따라 새롭게 재해석되었다. 특히 기존의 종교적 겸손에 대하여 부정적 시각을 견지한 철학자는 니체Nietzsche가 대표적이다. 니체의 겸손에 대한 비판적 시각을 요약하면 다음과 같다.

니체가 생각하는 겸손

프리드리히 니체Friedrich Nietzsche[91]가 선언한 "신은 죽었다"는 말은 '옳다'고 믿었던 신념 체계, 암암리에 사람들의 삶을 지배했던 초월적 가치관, 나도 모르게 따르고 신봉했던 도덕적 규범을 전복시킨 일생일대의 사건이다. 여기서 신은 기독교의 신이기도 하지만 서구 철학에서 지배적 위치를 담당했던 사상과 문화, 형이상학적 신념과 초월적 가치 일체를 상징한다고 볼 수 있다. 그는 『선악의 저편』 260번[92] 글에서 도덕을 주인도덕과 노예도덕의 두 가지 유형으로 구분했는데, 주인도덕은 강자의 입장에서 판단하는 도덕이고 노예도덕은 약자의 입장에서 판단하는 도덕이라 주장했다. 그가 말하는 주인도덕은 자기 자신에 대한 자발적 긍정이고, 자기 스스로 가치를 설정하며, 스스로 선과 악을 결정하는 자의 도덕이다. 그는 주인도덕을 통해서 삶에 대한 강한 의지, 대립되는 욕구들을 제어하는 능력, 자기긍정과 자기가치를 새로운 선善

의 내용으로 제시하고 있다. 따라서 선한 인간은 이제 자기 자신에 대한 지배의식 속에서, 자기극복의 덕을 갖고 있는 자가 된다. 이런 인간은 곧 '고귀한 인간', '귀족적 인간', '귀족적 가치평가'를 할 수 있는 인간이며, 곧 차라투스트라가 찾던 강한 자이며, 초인(超人, 위버멘쉬, Übermensch)적 존재인 것이다.

반면, 노예도덕은 약자들이 자신들의 열등감과 무력함을 정당화하기 위해 만들어낸 도덕 체계라는 것이다. 그가 말하는 노예도덕은 약자의 입장과 강자의 입장을 있는 그대로 판단하지 않고 약자는 선善으로 놓고 강자를 악惡으로 놓으면서 약자에게 노예도덕을 강요하고 있다고 비판했다. 여기서 니체는 그리스도교의 도덕이 유대인의 복수심이 고안해냈던 노예도덕의 지반 위에서 성장했다고 생각했다. 그는 〈도덕의 계보〉[93]에서 보복할 힘이 없는 무력함은 '선량함'으로 포장되고, 두려움에 찬 비굴함은 '겸손'으로 둔갑하며, 증오하는 이들에 대한 복종은 '순종'이라는 이름으로 미화된다고 말했다. 그러면서 니체는 그들은 또한 원수를 사랑해야 한다고 말하고 있다고 전하며. 노예도덕이 삶의 본능적인 힘을 억누르고 인간을 약화시킨다고 비판하고, 주인 도덕과 초인의 철학을 통해 스스로 삶을 창조하고 자신의 가치를 세울 것을 제안했다. 이에 어떤 학자는 니체의 초인도 결국 또 다른 신이 아니냐는 비판적 시각을 갖고 있기도 하다. 〈미덕이란 무엇인가〉의 저자 앙드레 콩트-스퐁빌은 우상을 부수는 것이 결국 자기 자신을 우상화하는 결과로 이어진다면 그것이 과연 의미 있는 일인지 질문을 던진다.[94]

현대에 들어와선 다수의 심리학자 및 철학자들이 겸손의 긍정적인 측면을 다루기 시작했고, 현재는 그것이 보편적인 개념으로 자리잡고 있다. 현대적 관점에서의 겸손은 자신의 한계와 무지를 인정하며, 타인의 관점을 존중하는 태도라 할 수 있다. 밑의 표를 통해 겸손에 대해 현대 심리학자들이 내린 정의를 간략히 기술하고자 한다. 지적 겸손에 대하여는 이미 겸손의 세 가지 종류에서 다루었기 때문에, 여기서는 일반적 겸손만을 소개하기로 한다.

학자	정의 또는 속성
Nancy Snow[95] (1995)	겸손은 자신의 한계점을 의식하고 자신의 자세와 행동을 현실에 맞게 조절하는 것이다.
Peterson & Seligman[96] (2004)	겸손은 자신의 강약점을 포함하여 자신을 정확하게 보고자 하는 자발적 의향이다.
Morris et al.[97] (2005)	겸손은 자신의 강약점을 정확하게 평가하고 새로운 아이디어에 개방적이며 자신이 더 큰 무엇의 일부라고 인식하는 성향이다.
Ashton & Lee[98] (2004)	정직·겸손성은 성실성과 공정성을 가진 성격적 기질로서 교만과 반대되는 개념이다.
Nadelhoffer et al.[99] (2016)	겸손하다는 것은 우리가 능력 이하로 자신을 낮게 평가하는 것이 아니라, 자신을 너무 좋게 평가하지 않는 것이다.

4) 스칸디나비아 나라들의 겸손

스칸디나비아 반도 국가(스웨덴, 노르웨이, 덴마크)에는 한국의 "연장자에게 높임말을 사용해야 한다."라는 말과 비슷한 열 가지 규칙이 있다. 이른바, '얀테의 법칙Law of Jante'이다.

　이 명칭은 노르웨이의 작가인 악셀 산데모세Aksel Sandemose의 소설《도망자는 자신의 발자국을 넘어간다A Fugitive Crosses His Tracks》(1933) 속 배경 마을 얀테에서 유래됐으나, 실제로는 좀 더 오래됐다. 이 마을에선 보통 사람보다 똑똑하거나 잘생기면 오히려 이상하다는 취급을 받았다. 자신을 지나치게 특별하다거나 잘난 사람으로 생각하지 않는다는 것. 이는 '보통 사람의 법칙' 또는 '보통 사람의 바람직한 10개의 행동규칙'이라고 불리기도 했다. 이는 북유럽의 평등주의적 성격을 잘 나타내는 예시 중 하나이며, 개성의 표출을 부정적으로 보는 사회적 태도를 가리킨다. 이러한 문화의 배경에는 자연 환경과 종교가 자리하고 있다고 볼 수 있다. 북유럽은 자연환경이 험하고 자원이 제한적이어서 공동체의 협력이 중요했을 것이다. 또 하나는 역사적으로 지배적이었던 루터교Lutheranism의 영향인데, 루터교는 검소함, 성실함, 겸손을 종교적 가치로 중요시했다.

•얀테의 법칙•

1. 당신이 특별하다고 생각하지 마라.

2. 당신이 남들만큼 좋은 사람이라고 생각하지 마라.

3. 당신이 남들보다 똑똑하다고 생각하지 마라.

4. 당신이 남들보다 낫다고 생각하지 마라.

5. 당신이 남들보다 많이 안다고 생각하지 마라.

6. 당신이 남들보다 중요하다고 생각하지 마라.

7. 당신이 모든 일을 잘한다고 생각하지 마라.

8. 남들을 비웃지 마라.

9. 누군가 당신을 걱정하리라 생각하지 마라.

10. 남들에게 무엇이든 가르칠 수 있으리라 생각하지 마라

앞에서 지적 겸손의 사례로 소개한 덴마크 기업 〈머스크〉가 겸손을 핵심 가치로 내세운 배경에도 이러한 겸손 문화가 자리잡고 있다고 추정된다.

2.
동양의
겸손

동양에는 수많은 인문학적 고전들이 있다. 그 중에서 독자들에게도 어느 정도 알려진 고전 중에서 겸손의 의미를 가장 잘 설명해주는 것들을 골라 봤다. 겸손과 관련한 핵심 내용만 발췌하여 시간의 흐름 순으로 소개하고자 한다.

1) 유가의 겸손(주역, 논어, 후기 유가)

주역(역경)

〈주역周易〉은 주나라 문왕(기원전 1152~1056)이 짓고, 그의 아들 주공이 완성한 것으로 전해지는, 유가 사상을 대표하는 사서삼경四書三經(사서: 대학大學, 논어論語, 맹자孟子, 중용中庸 / 삼경: 시경詩經, 서경書經, 역경易經) 중 하나다. 물론 우리나라에서도 〈주역〉은 학자들의 필독서였다. 과거 시험에서도 〈주역〉에 대한 시험을 치룰 정도였으니 말이다. 단순한 점술서로 인식해 왔다면 그런 명성은 얻지 못했을 것이다. 이러한 주역 속 문장들은 간단하지만 이해하기 어렵기로 유명하다. 주역만큼 학자들 사이에서 첨예한 논쟁을 불러 일으킨 고전도 없다고 한다. 그만큼 다양한 해석을 낳은 것이다. 이 책에는 주역 연구가 한덕수의 〈하루 한장 주역 강독〉 SIDEWAYS, 2024. 의 내용을 발췌하여 인용하고자 한다. 먼저, 〈주역〉에서의 겸손은 15장 '겸謙' 이 대표적이다.

저자는 15장을 이렇게 요약 설명한다.[100]

겸은 낮추고 덜어내는 것이니, 항상 겸손한 태도가 최선이다. 겸은 지산겸(地山謙)을 말하며, 땅속에 산이 있는 형상이다. 자신이 높다고 생각하는 사람은 저절로 낮아지고, 자신이 낮다고 생각하는 사람은 은연중에 높아진다.

겸은 어려워서 어려서부터 익혀야 하니,
군자라도 마지막에서야 완성하는 것이다.
겸은 나를 낮추고 남을 높이는 것이며
풍요로움을 덜어 부족한 곳에 보태는 미덕이다.
아름다운 자태와 뛰어난 재능은 겸손함으로써 더욱더 빛을 발한다.
보름달은 반드시 기울고 높은 산은 비바람에 깎여 낮은 곳에 이른다.
불의에는 용감하게 일어나서 저항하고
필요할 때는 전쟁도 불사하는 것이 겸이다.
겸손한 마음가짐에서 인격의 꽃이 피어난다.

-〈주역〉15장 中

논어
(공자(孔子)가 세상을 떠난 후 그의 제자들이 그의 언행을 기록한 책으로, 유교 사상의 핵심 경전 중 하나다. 논어는 인간다운 삶과 도덕적 인간관계에 대한 실천적 지침을 담은 책으로, 동양 철학과 윤리 사상의 기초를 이루는 고전이다.)

유가의 대표적 인문 고전인 〈논어〉에 '겸謙'이란 단어가 등장하지 않는다. 그러나, 겸손을 뜻하는 단어는 양讓과 공恭 그리고 경敬으로 곳곳에 나온다. 이 세 단어가 어떤 구절에서는 존경 또는 양보에 가깝고, 다른 구절에서는 겸손 또는 공경의 의미에 가깝다. 이와 같이 겸손과 다른 덕목들 사이에 개념 중복이 있는 것은 일반적인 덕목을 구현하고 사회적 조화를 이루는 데에 겸손이 중요한 역할을 하고 있음을 의미한다. 그중 논어에서 겸손의 의미를 가장 잘 내포하고 있는 문구가 있다. 바로, '극기복례克己復禮'이다. 공자는 춘추전국시대의 혼란한 상황에서 도덕적 인간성 회복에 중점을 두고 사람됨의 방법으로써 사사로운 자기를 극복하고 예禮로 돌아가야 함을 강조했다. 논어 안연편 12장 1절[101]과 논어 자한편 9장 4절[102]이 이를 잘 설명하고 있다. 유가에서 예는 단순한 행동 규범이나 의례를 넘어서, 인간사회의 조화와 질서를 유지하기 위한 도덕적 원칙과 실천을 의미한다. 예란 감정을 겉으로 드러내는 방법이라 할 수 있다. 예를 들어, 마음속으로만 흠모해서는 상대방이 알지 못하므로 몸을 낮추어 절을 함으로써 그 마음을 나타내는 것이다.

그렇다고 극기복례의 '자기 극복'은 자아를 버리라는 의미는 아니다. 오히려 공적인 자아가 되라는 얘기다. 예를 들어, '입신양명立身揚名'이 일반적인 미덕을 구현하고 사회적 조화를 이루는 목적이라면 나쁘지 않다는 것이다. 그렇기에 유가적으로 겸손한 사람은 자아를 이기는 것과 동시에 자기계발에 관심을 갖는 사람이다. 이처럼 유가적 겸손의 목표는 궁극적으로 조화로운 공동체와 개인의 번영을 동시에 달성하는 것이다. 논어의 극기복례는 자기통제와 예절에 대한 중요성을 강조하며, 타인을 존중하고 사회적으로 완성된 인격체를 이루기 위해 노력하라는 가르침이다.

후기 유가

중국 송대宋代의 유학자 정이천程伊川과 주희朱熹(주자朱子라고도 부름)[103]는 '유이불거有而不居'로 겸손을 설명한다. 여기서 정이천은 덕이 있으면서도 그에 머물지 않음有其德而不居으로 '겸'이라는 단어를 규정한다. '그 덕이 있음'은 유독 겸에 대한 언급만을 하는 것이 아니라 그 자신이 지닌 덕들에 대한 포괄적 언급으로 볼 수 있다.[104] 그래서 그 전체 구절은 어떠한 덕을 지니고 있든, 자신이 그것을 체득하고 있음을 의식적으로 유념하지 않음을 뜻한다. 주희는 바로 이 뜻으로, 겸손을 규정한 바 있다.[105] 조금 더 구체적으로 말하자면, '유이불거'는 자신의 지위, 성취, 그리고 장점에만 국한하여 스스로를 드러내거나 부각시키지 않을 뿐만 아니라, 심지어 그러한 것들을 의식하지 않는 것이다. 공자를 중심으로 한 초기 유교에서는 겸양 측면의 겸손이 강조되었다면, 주희(주자)를 중심으로 한 송나라 때의 후기 유가에서는 겸허 측면의 겸손이 결합되어 오늘날에 이르고 있다. 또한, 정이천은 "마음에 보존되어 있는 것이

경敬이고 겉으로 펼쳐 나오는 것이 공恭이다."라고 하며 내면적 성찰과 수양을 중시했다. 공은 경이 밖으로 나타나는 것이고, 경은 공이 마음에 보존되어 있는 것이니, 공과 경은 두 물건이 아니다. 이는 마치 형체와 그림자와 같다고 했다.[106] 이는 달리 말하면 내면이 채워질 때 그것은 자연스럽게 밖으로 나온다는 말이기도 하다. 이렇듯 정이천이 의미하는 공과 경은 겸양과 겸허에 비유될 수 있다. 겸양은 겉으로 나타나는 것이고 겸허는 안에 있는 것이다. 하지만, 결국 둘은 하나이므로 어느 하나도 소홀히 할 수 없는 수양 양식이라 하겠다.

이처럼 정이천의 공과 경의 개념은 단순히 개인 수양의 방법론을 넘어서, 동양 철학의 겸손에 대한 깊은 통찰과 맞닿아 있다고 할 수 있겠다. 성균관대 유교문화연구소장 김도일 교수에 따르면, 동양의 겸손은 공자를 중심으로 한 초기 유가의 겸양적 측면이 주희(주자)를 중심으로 한 송나라 때의 후기 유가의 겸허 측면과 결합되어 보다 심화된 모습으로 발전했다고 한다.[107]

2) 도가의 겸손

도가道家의 창시자인 노자老子의 어록으로 알려진 〈도덕경道德經〉은 주역, 논어와 함께 중국을 비롯한 동아시아의 사상 및 철학 체계에 심대한 영향을 끼친 고전 중 하나다. 비교적 짧은 5,000여자, 81장으로 구성되어 있지만 정치, 철학, 병법, 과학, 양생에 대한 것까지 광범위한 내용을 담고 있다. 도덕경에서 추구하는 중심 사상은 도道인데, 도란 만물을 있게 하는 근원이고 시공을 넘어선 불변하는 이치를 말한다. 그 도는 항상 억지로 이루려는 바를 달성하려는 모습, 즉 유위有爲가 없는데, 그것을 우리는 '무위無爲'라 부른다. 그러나, 무위는 아무것도 안 하는 것이 아니고, 억지로 하려고 하는 유위와 달리 무위를 함으로써 '결국엔 이루고자 하는 것이 달성된다는 것'이다. 무위는 자연自然(스스로 그러함)과 조화를 이루는 삶의 태도를 의미한다. 무위는 억지로 무언가를 강제하거나 변화시키려고 하지 않는 것을 뜻한다. 무위는 마음을 비우고 여유를 가지는 상태로 욕심과 집착에서 벗어나, 있는 그대로의 삶을 받아들이는 태도라 할 수 있다. 무위를 통한 겸손 함양은 5부에서 다룰 예정이다.

　이러한 무위 사상을 바탕으로 하는 도덕경의 내용 중에서 겸손과 관련이 되는 구절들[108]을 소개하고자 한다. 해당 장의 내용을 압축하여 쉽게 표현하다 보니 전달이 제대로 안 될 수 있음을 양해 부탁드리며, 자세한 내용은 〈도덕경〉을 참고하길 바란다.

공성이불거(功成而不居)

공(功)을 이루고는 뽐내지 않으며, 그 자리에 머물지 않는다. 머물지 않음으로써 사라지지 않는다. 자신이 성취한 공로나 업적에 집착하지 않고 그것을 내세우지 않음으로써, 오히려 사람들이 더 알아준다는 뜻이다.

상선약수(上善若水)

가장 착한 것은 물과 같다. 물은 만물을 이롭게 하면서 다투지 않고 뭇사람이 싫어하는 곳에 처한다. 그러기에 도에 가깝다. 겸손하고 이타적이며 자연의 흐름에 순응하는 삶이 인간에게 가장 고귀한 길이라는 뜻이다.

상덕부덕(上德不德)

높은 덕을 지닌 사람은 덕을 마음에 두지 않는다. 그래서 덕이 있다. 인위적으로 덕을 구하면 덕이 없게 되고, 인위적으로 덕을 구하지 않으면 덕이 있게 된다. 참된 덕을 지닌 사람은 자신이 덕이 있음을 드러내려고 하지 않으며, 자연스럽게 행하기에 덕을 의식하지 않는다는 뜻이다.

기자불립(跂子不立)

까치발로는 오래 서지 못한다. 가랑이를 한껏 벌려 성큼성큼 걷는 걸음으로는 멀리 가지 못한다. 스스로 자기를 드러내는 자는 드러나지 않고, 스스로 자기를 옳다 하는 자는 인정받지 못하며, 스스로 뽐내는 자는 공이 없고, 스스로 자랑하는 자는 우두머리가 되지 못한다

화광동진(和光同塵)

빛을 부드럽게 하여 속세의 티끌에 같이 한다. 그 빛을 스스로 감추어서 티끌과 하나가 되라는 것이다. 이는 자기의 재능을 감추고 속세의 사람들과 어울려 동화함을 이르는 말이다. 지혜롭고 덕이 있는 사람은 자신의 재능을 과시하지 않고 겸손하게 행동하며 세상 사람들과 잘 어울리므로 오히려 사람들에게 더욱 존경받게 된

다는 뜻이다.

위와 같이 중요 문장들을 통해 도덕경에서 말하는 겸손을 요약해 보
자면, 무위(억지로 안함), 자연(스스로 그러하듯이 자연스럽게), 나서지 않
음(잘난 체하거나 앞서려고 발버둥치지 않음), 빔(채우기 위한 빈 공간)이라
할 수 있다. 도덕경은 인간과 우주 자연의 융합을 강조한 겸허의 철학
이라 할 수 있다.

3) 초기 불교의 겸손

위에선 중국의 3대 철학서 안에서 겸손의 이야기를 찾아보았으니, 이제 중국에서 잠시 벗어나 초기 불교에 대한 이야기를 해 볼 차례다. 대개 사람들이 겸손을 근본적으로 자신과 타인의 관계에 대한 것으로 생각하는 것은 자연스럽다. 불교에서 말하는 겸손도 이와 같을까? 불교 경전에서는 자만과 욕망을 다스리기 위해 "통나무처럼 가만히 있으라"는 가르침이 등장한다. 8세기의 불교 철학자 샨티데바Śāntideva는 그의 경전 〈보살의 길, The Way of the Bodhisattva〉에서, 불교 사상의 도덕적, 영적 이상인 보살이 되는 방법에 대한 지침을 제시했다. 이상적인 보살의 경지는 사심이 없으며 여러 면에서 자신의 안녕과 번영보다 다른 사람의 안녕과 번영을 우선시하는 것이다. 그는 자신을 다른 사람들보다 우위에 두려는 욕구가 생길 때 통나무처럼 가만히 있으라고 아래와 같이 조언한다.

남을 비꼬고 싶은 마음이 요동칠 때,
자만과 못된 교만으로 가득 차있을 때,
다른 사람의 잘못을 들춰내고 싶을 때,
그때는 바로 당신이 통나무처럼 가만히 있어야 할 때이다.

(중략)

그리고 당신이 명예를 얻거나 인정 받길 원한다면,
그때는 바로 통나무처럼 가만히 있어야 할 때이다.

이 가르침은 자만, 교만, 명예욕에 사로잡히는 순간, 자신을 내려놓고 내면의 고요를 유지하는 것이 중요함을 강조한다. 이는 자아를 중심에 두고 타인과 끊임없이 비교하며 생기는 갈등과 욕망을 경계하라는 메시지다. 샨티데바는 자만과 비교를 멈출 때 진정한 겸손이 가능하다고 가르친다. 그러나 불교에서의 겸손은 단순히 타인과 비교하지 않는 것에서 그치지 않는다. 불교적 겸손의 핵심은 그러한 비교 행위가 전제하는 것들, 곧 자아를 버리는 것이다. 자아를 통해 본 세상과 관계 맺는 것을 포기하는 것이다.

불교에서는 자아를 독립적이고 고정적인 실체로 보지 않는다. 자아란 단순히 다섯 가지 요소(오온五蘊)의 집합체일 뿐이다. 오온은 색色(물질), 수受(느낌), 상想(생각), 행行(의지), 식識(지각)으로 이루어진 인간의 물질적, 정신적 구성 요소를 뜻한다. 불교는 이 다섯 요소가 끊임없이 변화하고 생멸한다고 본다. 따라서 자아를 불변의 실체로 여기는 것은 착각에 지나지 않는다. 예를 들어, 팀은 특정한 방식으로 모인 선수들의 집합체에 불과하며, 항아리도 진흙이 특정 형태로 만들어진 것일 뿐이다. 마찬가지로, 인간 역시 특정 방식으로 모인 여러 요소들의 집합체일 뿐 독립적이고 영속적인 실체로서의 자아는 존재하지 않는다. 이와 같은 무자아non-self의 관점은 자아를 고정적 실체로 보는 서구 철학이나 일상적인 사고와는 완전히 다르다. 또한, 불교는 자아에 대한 집착이 모든 고통의 근원이라고 본다. 우리는 자아가 고유한 실체라고 믿으며, 이런 착각이 자만심, 이기심, 소외감을 낳는다. 또한 자신을 방어하려는 욕구와 집착으로 인해 여러 갈등이 생긴다. 2세기 대승불교의 선구자인 나가르주나^{Nagarjuna}(용수)는 그의 저서 〈Precious Garland〉에서 "다섯 공허한 집합체를 '나'라고 어리석게 집착하니, 이것이야말로 '나'라는 생각에서 비롯된 자만이다"라고 지적했다.[109] 여기서 말하는 자만은 자아가 고정적이고 독립적으로 존재한다고 믿는 잘못된 전제에서 비롯된 것이다. 예를 들어, 어떤 부자가 식당에서 보통 사람들이 받는 서비스에 만족하지 못하고 화를 내는 모습을 떠올려 보자. 그는 자신이 특별히 더 나은 대우를 받을 자격이 있다고 믿는다. 이는 자신을 다른 사람들보다 더 중요한 존재로 여기며, 세상이 자신을 중심으로 돌아가야 한다는 자만심에서 비롯된다. 이러한 자만심은 자아를 독립적이고 연속적인 실체로 여기는 잘못된 믿음에서 기인한다.

이렇듯 불교의 겸손은 단순히 이타적인 태도를 취하거나 자신의 능력을 과소평가하는 차원이 아니다. 이는 세속적인 이해관계와 자아 중심적 사고를 완전히 내려놓고, 자아의 기반이 되는 전제를 부정함으로써 진정한 자유와 평화를 추구하는 데 그 목적이 있다. 이러한 불교적 겸손은 현대의 다양한 갈등 상황에서도 유용하다. 예를 들어, 직장에서의 경쟁, 인간관계에서의 자존심 다툼 등에서 불교적 겸손은 타인과의 비교를 멈추고, 자신의 역할과 가치를 새롭게 보도록 도와준다. 이는 단순한 이타심이 아니라, 자아에서 벗어나 세상과 조화를 이루는 삶으로 나아가는 길이다.

4) 일본의 겸손

일본인은 전 세계적으로 겸손한 태도를 가진 민족으로 알려져 있다. 이는 상대방을 존중하며, 자신을 낮추는 태도로 나타나는데, 단순한 미덕이 아니라 일본 사회와 문화 속에서 필수적인 대인 관계의 원리로 자리 잡아왔다. 일본인의 겸손은 단순한 행동이 아니라, 일본 특유의 심리적 구조와 사회적 배경에서 형성된 복합적인 특성이다. 여기서 겸손의 핵심은 일본 문화에서 중요하게 여겨지는 '다테마에(겉마음)'와 '혼네(속마음)'의 조화 속에서 잘 드러난다. 다테마에는 타인을 배려하고 사회적 기대에 부응하기 위해 외적으로 드러나는 태도이며, 겸손한 행동의 기본으로 작용한다. 예컨대, 일본인은 자신의 성취를 과장하기보다 겸손하게 표현하며 이를 팀이나 환경 덕분으로 돌리는 경우가 많다. 반면, 혼네는 개인의 진솔한 내면을 드러내는 마음으로, 겸손이 진정성에서 비롯되었을 수도 있지만 때로는 조화를 위한 사회적 전략일 수 있음을 보여준다. 이처럼 일본식 겸손은 겉과 속의 이중적인 심리적 구조 속에서 발전한 독특한 특성이다. 또한, 겸손은 일본의 공동체적 가치와도 깊이 연결되어 있다. 일본 사회는 개인보다 집단의 조화를 중시하며, 겸손한 태도는 이러한 가치를 유지하기 위한 중요한 도구다. 일본 기업 문화에서도 이러한 특징이 잘 드러난다. 개인의 성과를 부각하기보다는 팀의 공적을 강조하는 태도가 일반적이며, 이는 조직 내 신뢰와 협력을 강화하는 데 기여한다. 그러나 이러한 문화는 지나친 자기 억제로 이어질 가능성도 있다. 자신의 의견을 제대로 표현하지 못하거나,

독립적인 사고와 창의성이 억제될 수 있다는 점에서 한계를 지닌다.[110]

　일본인의 인간관계에서 중요한 심리적 기제인 '아마에(의존심)' 역시 겸손과 밀접한 관계가 있다. 아마에는 타인에게 의지하고자 하는 심리적 경향으로, 겸손한 태도를 통해 관계를 더욱 안정적으로 유지하려는 데 기여한다. 자신의 공로를 겸손하게 축소하거나 타인의 의견에 공감하는 태도는 상대방에게 자신이 위협적인 존재가 아님을 전달하는 방식으로 작용한다. 그러나 이러한 태도가 과도해질 경우, 개인의 자율성이 약화되거나 심리적 스트레스를 유발할 가능성도 존재한다. 이러한 일본식 겸손은 국제 사회에서 오해를 불러일으킬 수도 있다. 서구 사회에서는 성과를 명확히 드러내고 자기 주장을 확실히 하는 태도를 긍정적으로 평가하는 반면, 일본식 겸손은 자신감 부족으로 오해될 수 있다. 하지만, 이러한 일본인 겸손의 이면에는 지적 겸손의 특성이 자리하고 있다고 볼 수 있다. 일본 기업에 정착되어 있는 끊임없는 '개선 활동'이 그 예이다. 이러한 일본인의 지적 겸손 추구 자세가 일본 기업의 기술 발전과 성장에 기여했다고 보는 것이 적절하다.

　결론적으로, 일본인의 겸손은 조화를 중시하는 문화와 심리적 특성의 산물이다. 이는 자신과 타인을 객관적으로 바라보고, 자아 중심적 사고에서 벗어나 더 큰 가치를 인정하려는 태도에서 비롯된다. 그러나 지나친 겸손은 개인의 자율성과 창의성을 억누르거나, 타인에게 자신감 부족으로 보일 위험이 있다. 겸손은 단순히 자신을 낮추는 것이 아니라, 자신의 위치를 이해하고 타인의 가치를 존중하며, 이를 통해 조화를 이루는 태도다. 일본식 겸손은 그 자체로 강점이자 과제이며, 시대와 환경의 변화 속에서 재해석되고 발전해야 할 중요한 덕목이다.

겸손에 대한 동서양의 차이 요약

구 분	동 양	서 양
철학적 기반	유교, 도교, 불교	그리스 철학
중심가치	사회적 조화와 겸양	자아 인식과 진정성
문화적 맥락	집단주의	개인주의
칭찬 반응	부정하거나 겸양 표현	수용 및 감사 표현

위의 내용이 축약된 표를 보면 알 수 있듯이, 4부에서는 겸손에 관한 동서양의 역사와 문화적 배경을 알아보았다. 또한, 대대로 내려오는 고전 속에 담긴 겸손의 지혜를 살펴보았다. 우리가 보통 서양인들은 겸손하지 않다고 생각하는데, 그들도 나름 겸손은 미덕이며 이를 중시하고 있다고 생각할 것이다. 그들의 겸손은 겸허의 특성을 많이 내포하고 있고 동양의 겸손은 겸양의 특성을 많이 내포하고 있다. 세계는 점점 더 글로벌화를 이루면서 이러한 문화적 차이도 갈수록 좁혀가고 있다. 앞으로 서로 상대의 문화를 이해하고 교류한다면, 사람들과 세계는 더욱 발전적인 관계로 나아가리라 믿는다.

5부

겸손으로
가는 길

겸손

자기도취의
부패를 막아주는
겸손은 하얀 소금

욕심을 버릴수록
숨어서도 빛나는
눈부신 소금이네

그래
사랑하면 됐지
바보가 되면 어때

결 고운 소금으로
아침마다 마음을 닦고
또 하루의 길을 가네
짜디짠 기도를 바치네

무시당해도 묵묵하고
부서져도 두렵지 않은
겸손은
하얀 소금

－이해인

1.
겸손은 함양할 수
있는가?

지금까지 우리는 겸손의 개념, 역사, 심리적 측면, 겸손의 장단점을 살펴봤다. 여기까지 잘 오신 독자들의 인내심에 감사드린다. 이제 5부에서는 겸손을 기르는 방법을 살펴볼 예정이다. 어떤 사람들은 우리가 맘먹고 노력한다고 해서 겸손해질 수 없다고 말한다. 그렇게 이야기하는 이유는 아마 겸손하게 행동하려고 노력하는 것은 거짓 겸손으로 이어질 수 있음일 것이다. 겸손해지려고 하면 반드시 실패한다는 이 '겸손 함양의 역설'은 해결될 수 있는 것인가? 고대 중국에서는 '무위無爲'의 방법을 통해 덕德을 함양시키고자 했다. 현대에 와서도 인지과학 분야에서 무위의 효과를 입증하고 있다. 이러한 무위를 통한 접근 방식은 우리가 겸손을 이해하고 이를 함양함에 있어서 큰 도움이 될 것이다.

여기서 말하는 '무위'란 '힘들이지 않는 행동effortless action' 또는 '자연스럽게 일어나는 행동'spontaneous action'을 의미한다. 그러나 단순히 아무것도 하지 않은 채 무위도식하거나 빈둥거린다는 뜻은 아니다. 오히려 행동이 너무나 자연스럽고 자동적이어서 스스로 행동하고 있다는 자각조차 들지 않는 상태, 그래서 굳이 '행동'이라 부를 필요조차 없는 경지, 그것이 바로 '무위의 위', 즉 '함이 없는 함'이다.

물론, 무위에 대한 깊은 논의는 이 책의 범위를 넘어설 수 있다. 하지만 겸손을 이해하는 데 있어 핵심적인 개념이므로 그냥 넘어갈 수는 없다. 쉽게 말해, 무위란 인간 사회에서 흔히 볼 수 있는 인위적인 행위, 과장된 행동, 계산된 태도, 남을 의식하며 보이기 위해 하는 행동, 자기중심적인 태도, 억지로 꾸며낸 모든 부자연스러운 행위를 내려놓는 것을 의미한다.[111]

1) 유가의 '갈고 닦기'

공자는 덕을 함양하는 방법으로 반복적인 학습, 사회적 의식儀式 그리고 문화적 활동(음악과 춤) 등을 강조했다. 유가儒家의 교육 방식은 개인적 차원이 아닌 제도적 또는 문화적 차원에서 반복적으로 덕을 갈고 닦으면 자연히 그 덕이 몸에 배게 되어, 자기 의식 없는 자동적인 행동으로 이어진다는 것이다.

유교에서의 덕은 사회적 가치를 실현하는 수단으로 인식되었다. 다시 말해, 개인의 수양은 자기의 이익만을 도모해서는 안 되고 사회의 조화와 번영에 기여하는 것이다. 그러다 보면 개인의 번영도 따라온다는 것이다. 그러한 공동체적 문화에서는 구성원들이 덕에 어긋나는 행동을 하기 어렵다. 즉, 덕을 조작하지 못한다. 왜냐하면, 부덕한 행동은 부자연스러운 얼굴 표정, 시선, 목소리 톤, 자세 등으로 노출되기 때문이다. 인간이 거짓말을 잘하지만, 사기꾼도 잘 걸러낸다는 얘기다. 따라서 유가에서 한 사람의 덕은 다른 사람들의 덕에 달려 있다고 해도 과언이 아니다. 이렇게 공자의 덕 수양 방법은 직접적으로는 '갈고 닦기'를 통한 '내면화'이고, 간접적으로는 '사회적 견제'를 통한 '습관화' 전략이라 할 수 있다. 이어서 서양 학자들의 주장을 들어보자면 다음과 같다.

아리스토텔레스는 "올바른 행동을 행하기 위해서는 배움이 필요하고, 배움은 실천 속에서 완성된다."고 말했다. 또한 "도덕적 성품은 타인의 행동을 따라 하면서 형성된다."고 보았다.

칸트 역시 "교육을 통해서 인간다운 인간이 될 수 있으며, 결국 인간은 교육의 산물이다."라고 했다. 그는 "사람은 처음엔 익숙하지 않더라도 어떤 행동을 반복하다 보면 점차 자연스럽게 그에 맞는 태도를 갖추게 된다. 예의도 마찬가지다. 의식적으로 실천하다 보면 결국 자신의 것으로 자리 잡는다."라고 말했다.[112] 또한, 영국 케임브리지 대학교Univ. of Cambridge 심리학과 교수인 브라이언 리틀Brian R. Little의 '자유특성이론Free Trait Theory'에 따르면, 겸손한 행동을 꾸준히 실천하면 행동이 성격의 일부로 자리 잡을 수 있다고 한다. 그 이유는 겸손한 행동이 타인에게 긍정적 인상을 주며, 이에 따른 긍정적 피드백이 자신감과 내면적 변화를 촉진할 수 있기 때문이다. 그렇다면 과연 겸손 교육이 효과가 있을지에 대해서 알아볼 필요가 있다. 시사하는 바가 큰 연구가 있어 이를 소개하고자 한다.

미국 대학교 학부생 59명을 연구에 참가시킨 다음(시점 1), 그들의 겸손, 용서, 인내심, 자제력을 1점~5점 척도로 측정했다. 그 다음 학생들을 실험군(26명)과 대조군(33명)의 두 개 그룹으로 나누었다. 실험군에는 총 7.5시간이 소요되는 겸손 실습 교재를 완성하여 2주 내로 제출하도록 요청했다. 반면, 대조군에는 겸손과 무관한 실습 교재를 완성하여 2주 내로 제출하도록 했다. 마지막 단계로, 제출 마감일로부터 2주가 지난 후(시점 2), 겸손, 용서, 인내심, 자제력에 대한 측정을 실시했다. 연구 결과, 자제력을 제외한 나머지 3개 항목에서 현저한 증가를 보였다. 참고로 대조군에 속한 학생들의 겸손도는 소폭 하락한 것으로 나타났다. 이 연구가 비록 연구소 레벨에서 이루어졌지만 겸손에 대한 교육이 심리적으로 긍정적인 영향을 미친다는 것을 시사하고 있다.[113] 여기서 한 가지를 짚고 넘어가고자 한다. 의도적으로 하는 겸손한 행동이 순전히 외부의 호감이나 인정을 얻기 위한 것이어서는 안 된다는 것이다. 왜냐하면 그러한 접근은 효과가 없을 뿐만 아니라 내면적인 변화를 이끌어내기도 어렵기 때문이다. 만약 학교에서 겸손 수업을 커리큘럼으로 채택하여 학점을 매긴다면 겸손 함양의 효과가 있을지 의문이다. 학생들은 학점을 잘 받기 위해 또는 도덕적으로 우월하다는 것을 보여주기 위해 의도적으로 노력할 것이기 때문이다. 그러나, 인위적인 행동이더라도 더 나은 인간관계나 자기 성장 등 개인적인 가치와 연결된다면 그 동기는 바람직하다고 볼 수 있다. 〈잊혀진 질문〉(2012)의 저자인 차동엽 신부에 따르면, 인간이 추구하는 가치에는 행복, 기쁨, 평화 등의 '목적 가치'

와 이 목적 가치를 이루는 데 도움이 되는 부귀, 권세, 명예 등의 '수단 가치'가 있다고 한다.[114] 우리가 궁극적으로 원하는 것은 목적 가치이며, 수단 가치는 목적 가치에 기여할 때 비로소 가치가 있다는 것이다.

그는 이러한 목적 가치에 충실했던 사람으로, 저온살균법과 탄저병 백신을 개발한 세계적인 과학자 파스퇴르를 든다. 그는 프랑스 정부에서 세운 파스퇴르 연구소의 소장까지 지냈지만 가난하게 살았다. 그의 제자가 '왜 돈을 벌 수 있는데도 벌 생각을 안 하십니까?'라는 질문에, "발견하는 기쁨, 진리에 좀 더 가까이 다가서는 것에 흥미를 느끼기 때문일 걸세. 내가 돈을 벌려고 마음을 먹었다면 특허권으로 엄청난 부를 쌓을 수 있었겠지. 내가 돈에만 정신이 팔렸다면 그 많은 연구를 해내지 못했을 걸세. 신이 내게 준 임무인 세계 인류의 구원과 행복을 위해 지금처럼 연구에 매진하는 것이라네." 라고 대답했다. 또한, 중장거리 육상 선수로 1980년, 1984년 올림픽 금메달을 수상한 세바스찬 코 Sebastian Coe도 "운동 선수로 활동한 기간 내내 나의 목표는 현재보다 다음 주나 다음 달, 혹은 다음 해라도 더 나은 운동 선수가 되는 것이다. 나의 목표는 향상이었으며, 메달은 이 목표를 달성한 것에 대한 보상에 불과했다."고 말했다.[115] 이처럼 우리는 겸손이라는 덕목을 목적 가치로 두고 교육과 습관을 통해 함양할 수 있음을 알 수 있다. 또한 우리는 다른 방법은 없는지 알아볼 필요가 있다.

2) 도가의 '자신의 존재 잊기'

도가道家에서는 인간을 대우주에 속한 소우주로 본다. 다시 말해, 우리의 몸은 우주와 마찬가지로 음과 양으로 이루어진 하나의 우주이며, 그 음양의 균형이 잘 이뤄져야 모든 것이 잘 흘러간다는 것이다. 도가적 관점에서 볼 때, 사람은 자신이 자신보다 더 큰 무언가와 연결되어 있고, 이 세상에서 혼자가 아니며 고립되어 있지 않다. 도가 사상을 대표하는 장자莊子는 "나는 나를 잃었다(오상아吾喪我)"고 했다. 이는 완전한 몰입을 가리킨다. '무아지경無我之境'에 가깝다고 할 수 있다. 무아지경이란 외부와 하나가 되어 스스로를 잊어버리는 경지이다. 예를 들어, 수영을 잘 하는 사람이 '내가 사람인지 물인지 잊는다'는 경지를 말한다. 그는 더 이상 물을 두려워하지 않고 물은 그의 의식에서 더 이상 공간을 차지하지 않는다는 것이다. 또 다른 예로, 초자연적인 기술로 거친 강을 건너는 뱃사공은 깊은 물을 마치 언덕처럼 여기고 배가 뒤집어지는 것을 수레가 뒤로 밀리는 것처럼 본다고 한다.[116] 그래서 장자의 무위는 '자신의 존재 잊기'라 할 수 있다. 도가에서 무위는 유가에서의 인위적, 전략적 사고를 하지 않고, 우주와 자연의 이치에 따르는 것이다. 이렇게 장자는 개인과 우주의 융합을 추구했다고 볼 수 있다.

이러한 무위의 개념은 현대에 들어와 스포츠 과학 등에 적용되고 있는데, 캐나다 브리티시컬럼비아대학교Univ. of British Columbia 철학과 에드워드 슬링거랜드Edward Slingerland 교수에 따르면, '존재 잊기'를 수행함에 있어서 내부에 초점을 두기보다 외부에 초점을 두는 것이 효과적이라고 한다. 예컨대, 스포츠 과학에 의하면 손을 당기는 것보다 물을 뒤로 밀치는 것에 집중하는 선수가 더 빨리 헤엄친다고 한다. 우리도 경험하듯이, 우리가 파티에 가서 좋은 인상을 남기겠다고 의식적으로 애쓰면 오히려 성공하지 못할 확률이 높은 것과 마찬가지다. 방 안에 있는 다른 사람들에 대해서만 생각할 때 비로소 좋은 인상을 남길 수 있다는 이야기다. 이처럼 도가에서는 외부에 대한 집중을 강조하고 행동 중에 자아에 대한 불필요한 관심을 배제한다. 또 다른 예로, 운동 선수들이 드리블을 할 때 발의 어떤 면을 사용할지 또는 얼마나 정확히 무릎을 움직일지와 같은 동작의 실제 세부사항보다는, 전략적인 최종 목표나 전체적인 신체적 전략에 집중할 때 더 효과적이라고 한다.[117] 마지막 예로, 1930년대 후반에 한 골프 선수가 몇 년간 U.S.오픈 및 마스터 대회를 연속 우승한 바 있는데, 골프의 테크닉에 대한 책을 집필한 후 주요 대회에서 한 번도 우승을 못했다고 한다.[118] 사람들은 그가 골프를 잘하기 위해 골프에 대해 너무 많이 생각했다고 추측한다.

그렇다면 이러한 무위를 통해 겸손을 기를 수 있겠는가? 텍사스 A&M대학교 철학과 브라이언 로빈슨Brian Robinson 교수는 중국의 미덕 중 하나인 무위 사상에서 겸손을 기르는 해법을 찾을 수 있다고 주장한다. 그에 따르면, "무위에 있는 사람은 자신의 일을 즐기고, 자신의 성과에 대해 받을 수 있는 외부의 혜택이나 칭찬에 대해 생각하지 않고 그 자체로 보람을 느낀다."고 한다. 로빈슨 교수는 겸손한 사람의 특성 중 "자신의 성취나 장점에 대해 별로 주의를 기울이지 않는다."는 점을 강조하며 거기서 무위의 해법이 나온다고 했다. 그에 의하면, 평소에 겸손한 사람의 마음 속에서는 자신의 장점이 떠오르지 않는다는 것이다. 물론 그도 인간이기에 자신이 겸손하다는 것을 완전히 모를 수는 없다. 그러나 그의 장점과 성취가 객관적인 증거로 드러나 남들이 인정할 경우는 일시적으로 자신의 능력을 의식할 것이다. 하지만 그는 곧바로 자신의 겸손 성향으로 되돌아간다. 그리고 계속해서 자신의 장점과 성과에 대해 주의를 기울이지 않는다.[119]

이 관점에서, 위스콘신대학교 메디슨Univ. of Wisconsin-Madison 심리학과 펠린 케세비르Pelin Kesebir 교수는 겸손을 기르기 위해 우리 각자가 할 수 있는 세 가지를 제안하는데, 그 중 어느 것도 일상 생활에서 몇 분이나 작은 연습 이상을 요구하지 않는다고 한다.[120]

첫째, 다른 사람들과의 공통점에 집중한다. 겸손을 기르는 좋은 방법은 우리가 다른 사람들과 크게 다르지 않다는 것을 기억하는 것이다. 당신은 몇 가지 훌륭한 자질을 가지고 있습니까? 다른 사람들도 마찬가지다. 큰 결함이 있습니까? 다른 사람들도 마찬가지다. 행복해지고 싶은가? 다른 사람들도 마찬가지다. 당신은 고통을 겪고 있습니까? 다른 사람들도 마찬가지다. 우리의 공통된 인간성에 초점을 맞추는 것은 우리가 이 세상에서 혼자가 아니며 고립되어 있지 않다는 것을 상기시켜 준다.

둘째, 정기적으로 감사를 연습한다. 감사하는 마음은 자신이 가진 것에 대해 만족감을 느끼게 하고, 자신을 타인과 비교하는 습관을 줄인다. 감사를 연습하는 것에는 매일 감사하는 세 가지를 적는 것과 같은 간단한 단계가 포함될 수 있다. 창밖에서 햇빛을 받고 있는 나뭇잎을 바라봐도 좋다. 그 나뭇잎들이 위대한 광합성 작용을 통해 우리에게 고귀한 산소를 제공하고 있지 않는가?

셋째, 경외감을 키운다. 우리가 반드시 히말라야 산맥을 오르거나 북극의 오로라를 보며 우주의 신비와 경이로움을 직접 느낄 필요는 없다. 물론 할 수 있으면 좋지만. 대신, 우리 중 누구라도 하루 종일 약간의 방법으로 경외심을 키울 수 있다. 일출이나 일몰을 감상하기 위해 잠시 시간을 할애해도 좋다. 사과가 과일 그릇에 도착하기까지 수많은 단계를 거쳤음을 생각해도 좋다. 감사와 마찬가지로 경외심은 우주에서 자신의 위치와 현재에 대한 관점을 새롭게 만든다.

이러한 세 가지를 종합해보면, 겸손을 기르는 접근 방식에 있어서 '갈고 닦기'와 '존재 잊기' 전략은 모두 시도해 볼 만한 가치가 있다. 현대 과학에서 이를 입증하고 있기 때문이다. 또한 우리는 불완전한 존재이나 이성과 자유의지를 가진 주체로서 둘 다 수용할 능력을 가지고 있음을 알아야 한다. 다음 파트로 넘어가기 전, 앞으로 겸손을 기르는 방법을 살펴보는 데 있어서, 편의상 겸손의 구성 요소인 겸허와 겸양의 측면으로 나누어 접근하고자 함을 밝힌다. 내적인 겸허와 외적인 겸양은 상호의존적 관계에 있다. 겸손이 완성되기 위해서는 겸허와 겸양이 조화를 이루어야 한다. 여기서 소개되는 방법들이 모든 상황에 적용되는 마법이라고 말할 수는 없다. 독자 여러분들도 나름대로의 창의적인 방법을 고안해낼 수 있을 것으로 생각한다.

2.
겸허의 마음
기르기

1) '혼자 있는 시간' 갖기

　요즘 세상에서는 혼자 있는 시간이 거의 없다. 잠들기 전까지 휴대전화로 누군가와 끊임없이 연락하느라 혼자 있을 겨를이 없다. 혼자 있는 시간은 자신의 생각과 감정을 돌아볼 수 있는 기회를 제공한다. 바쁜 사회 생활에서 오는 피로감과 압박감을 내려놓고 심리적 휴식을 취할 수 있다. 사람들과 함께 있을 때는 온전한 내가 될 수 없다. 왜냐하면 다른 사람을 의식하게 되어 자신의 개성과 기질을 전부 드러내지 못하고 상대에 맞추기 때문이다. 조용히 혼자만의 시간을 보내면 복잡한 문제를 객관적으로 바라보고 자신의 진짜 목소리에 집중할 수 있다. 그래서 혼자 있는 시간은 단순한 고립이 아니라, 자기 자신과 소통하고 성장할 수 있는 기회다.

'신독愼獨'이라는 말이 있다. 유교의 경전인 〈대학〉과 〈중용〉에 나오는 말로, '남이 보지 않는 곳에서도 스스로 도리에 어긋나는 일을 하지 않고 삼간다.'는 뜻이다. '신愼'은 신중함과 조심성을, '독獨'은 혼자 있는 상태를 가리킨다. 겉으로 드러나는 행동뿐만이 아니고 마음속 깊은 곳의 생각까지도 올바르게 다스려야 한다는 점에서, 자기 자신과의 정직한 대면을 요구한다. 〈대학〉은 '마음 속에 정성스러움이 있으면, 반드시 겉모양으로 나타난다(誠於中, 形於外).'고 하며, 한 개인의 겉으로 나타나는 행위는 마음 속의 진정성을 전제로 해야 한다고 가르치고 있다. 신독은 내적인 겸허를 강화해준다. 타인에게 보여주기 위한 겸손이 아닌, 진정으로 내면에서 우러나는 겸허함을 키워준다. 또한 신독은 외적으로 드러나는 겸양이 진정성을 가지도록 돕는다. 혼자 있을 때도 겸손하려는 마음가짐이 쌓이면, 겸손한 태도가 자연스럽게 몸에 배게 되기 때문이다. 조상들의 지혜에 감탄을 금할 수가 없다. 법정 스님은 저서 〈텅 빈 충만〉(샘터, 2001)에서 이렇게 썼다.

「대개의 경우는 자기가 하는 일에 얽매이기 마련인데, 자취 없는 마음, 즉 빈 마음이라면 어디에도 거리낄 게 없다. 우리가 세상을 살아가는 일도 이와 같이 할 때, 거기 삶의 무게가 내릴 것이다. 빈방에 홀로 앉아 있으면 모든 것이 넉넉하고 충분하다. 텅 비어 있기 때문이다.」

조용히 혼자 있으면서 탱니 교수가 내린 겸손의 정의(p.40 참조)를 상기해 보자. 겸손을 구성하는 여섯 가지 특성 중 첫째가 자신의 장단점을 객관적으로 보는 것이다. 자신과 거리를 두고 자신을 영화속의 주인공을 보듯이 넌지시 바라보는 것이다. 그리고 겸손의 기준에 입각해서 자신은 겸손한 행동을 하고 있는가를 스스로 물어보는 것이다. 이를 더 쉽게 이해하기 위해 미국의 인성 분석과 인력개발 컨설팅 회사인 호건어세스먼트Hogan Assessment가 제시하는 질문들을 아래와 같이 소개하고 싶다.

당신은 스스로를 얼마나 겸손하다고 생각하는가?

(아래 문장들 중 나에게 해당되는 것들을 선택해 주세요.)

1. 나는 업무에 있어서 다른 사람의 조언을 긍정적으로 받아들이는 편이다.

   (○ ✕)

2. 다른 사람의 업무 실적을 칭찬하는 것은 내 본연의 업무가 아니다.

   (○ ✕)

3. 자신의 약점을 인정하면 남들로부터 존경을 잃게 된다. (○ ✕)

4. 나는 보통 사람들보다 더 많이 존중받을 자격이 있다. (○ ✕)

5. 나는 여러 면에서 내가 아는 대부분의 사람들보다 더 뛰어나다. (○ ✕)

6. 다른 사람들이 내 업무 성과를 못 알아보면 답답하다. (○ ✕)

2) '알아차림' 명상

'혼자 있는 시간 갖기'에 더하여 자신의 내면을 집중적으로 바라보는 것이 명상이다. 명상은 아시아의 힌두교와 불교에서 비롯된 전통이지만 미국이나 유럽에도 널리 보급되어 있다. '요가' 역시 대표적인 명상 수행법이다. 명상은 뇌과학 및 심리 치료분야에서 그 효과가 입증되어 많은 호응을 얻고 있는 것이 사실이다. 다양한 명상 방법 중의 하나인 사띠[sati]는 서양으로 넘어가 영어로 Mindfulness가 되었고 한국에 전해 오면서 '마음챙김' 또는 '알아차림'으로 일컬어지고 있다. 미국과 유럽에서는 마음챙김[mindfulness]이 명상[meditation]과 동의어로까지 사용되기도 한다. 그러나 〈내면 소통〉의 저자로 명상 전문가인 연세대 김주환 교수는 사띠는 '알아차림[awareness]'으로 번역하는 것이 더 정확하다고 주장한다. 그 이유는 사띠의 원래 의미가 '마음이 텅 빈 상태'를 의미하는 바, '마음 챙김[mindfulness]'이 마음이 꽉 차 있는 상태를 암시하는 뉘앙스를 담고 있어 만족스러운 번역이라고 하기 어렵다는 것이다.[121]

그는 명상에 대해, 명상은 무거운 가방을 내려놓는 것처럼 애쓰지 않고 자연스럽게 내려놓는 과정이라고 설명한다. 그는 명상 중 아무것도 추구하지 않으며, 오히려 자신의 호흡과 몸, 마음에 집중하고, 그 과정에서 주변과의 조화가 이루어지는 평온한 상태를 경험한다고 말한다.[122]

또한, 에드워드 슬링거랜드 교수는 '목적 없는' 명상을 통해 마음을 비우는 것이 장자의 '무위'에 다가가는 방법이라 했다. 미국 산타 클라라 대학교[Santa Clara Univ.] 사피로[Shapiro] 교수에 따르면, 명상은 자기 존중, 공감, 신뢰, 대인 관계에 결정적인 특성을 증가시키는 것으로 밝혔다.[123] 이처럼 명상과 알아차림이 실질적으로 우리 삶의 모든 부분, 즉 우리 몸과 마음, 육체적 건강과 감정적이고 영적인 안녕에 영향을 미친다는 과학적 연구 결과는 헤아릴 수 없이 많다. 미국 국립보건원이 지원한 한 연구에 따르면, 명상을 습관적으로 한 사람은 그렇지 않은 사람보다 사망률이 23퍼센트 낮고, 심혈관계 질환으로 사망할 가능성도 30퍼센트나 낮으며, 암 사망률도 상당히 낮다고 한다.[124]

마지막으로, 노스캐롤라이나 대학교Univ. of North Carolina 바버라 프레드릭슨Barbara Fredrickson교수는 "명상을 통해 사랑과 기쁨, 감사하는 마음과 만족감, 희망과 자긍심, 흥미와 재미 등 긍정적인 감정"을 향상시킬 수 있을 뿐만 아니라 "세심한 주의력과 자기 수용, 타인과의 긍정적인 관계, 육체적 건강 등 개인적인 역량"까지 향상시킬 수 있다는 것을 밝혔다.[125] 이처럼 자신의 내면을 살피기에 가장 적합한 방법은 '알아차림 명상'이 적합하다 할 수 있다. 명상은 자신을 객관적으로 바라볼 수 있는 방법이다.

나는 10여년 전부터 명상을 배운 이후 이를 계속 해오고 있다. 일상이 바쁘다 보니 매일 정해진 시간에 할 수는 없고 수시로 생각날 때마다 또는 기분이 안 좋거나 중요한 결정을 앞두고 있을 때는 언제나 알아차림 명상을 한다. 이제 일상의 즐거움이 되었다. 나는 누군가에게 화가 났을 때, 조용히 "장진원은 지금 화가 나 있구나."라고 생각하며 나를 영화 속 주인공 보듯이 물끄러미 바라본다. 그러면, "장진원이 억울한 일을 당했나 보다." 라고 연민을 느끼면서 마음이 안정된다. 이어서 "그런데 아까 그 사람은 왜 나에게 그 말을 했을까?", "그때 상황이 그럴 수밖에 없었나?" 이런 식으로 현재의 나를 직시하게 되고, 보다 객관적으로 나와 상대방 그리고 전체적인 맥락에서 모든 것을 바라보게 된다.

"나는 바보다"와 "나는 내가 바보라는 생각을 하고 있다" 사이에는 큰 차이가 있다. 전자는 불변하는 것처럼 느껴지고, 후자는 우리와 우리의 뇌가 제공하는 생각 사이에 공간을 만든다. 정신과 의사로 홀로코스트에서 살아남은 빅터 프랭클Viktor Frankl이 '자극과 반응 사이에는 공간이 있다.' 라고 말한 것처럼, 우리는 자극이 있고 나서 나도 모르게 자동 반응하는 것이 아니라, 나의 반응을 결정할 수 있다는 것이다. 그 공간에는 우리의 반응을 선택할 수 있는 자유와 힘이 있다. 알아차림 명상은 자신을 객관적으로 바라보고 다른 사람의 가치를 받아들이는 지적 겸손에 도움이 된다. 다시 말해, 우리 자신의 생각에 의문을 제기하고 새로운 관점에 마음을 여는 데 도움이 된다. 그렇기에 난 수시로 어

디서나 알아차림 수련을 하려고 노력한다. 그렇게 어렵지 않다. 예를

들면, 교통이 복잡한 사거리에서 초록불이 들어오기를 안달하며 기다리기보다, 빨간 불이 잠시 모든 것을 멈추고 숨을 고르며 주변을 둘러보는 기회를 주고 있다고 고맙게 생각한다. 그러면 주변이 편안하게 느껴지곤 한다. 마음도 편안하게 되고 기분도 좋아진다.

태극권과 명상

알아차림 명상을 함에 있어서 마음만이 아니라 몸도 중요하다는 것을 알 필요가 있다. 몸과 마음은 반드시 둘이라고 말할 수 없기 때문이다. 동양에서는 일반적으로 몸을 하나의 소우주(小宇宙)로 간주한다. 몸이란 음과 양으로 이루어진 하나의 우주이며, 그 음양의 균형이 잘 이뤄져야 모든 것이 잘 흘러간다. 나는 오랜 기간 취미 삼아 태극권을 즐겨하고 있다. 태극권은 태극(太極)[126]의 이치를 권(拳)이라는 무술로 구현한 것이다. 태극권을 수련할 때면 들이마시고 내쉬는 호흡과 손발의 동작이 신기할 정도로 맞아떨어져 잡념이 금방 사라지고 마음이 안정된다. 태극권은 부드러움이 강함을 이기고 적은 힘으로 큰 힘을 제압하는 이른바 '무위'의 힘을 이용하는 무술이다. 무위에 이르는 방법은 마음을 비우는 것이며 그것은 명상에서 일어나는 것과 다르지 않다.[127] 태극권은 처음에 무술로 고안되었으나 점차 건강을 위한 양생법으로 발전하였고, 현대에 와서는 심신 수련을 위한 명상법으로 활용되고 있다. 다시 말해, 태극권이 명상의 효과뿐만 아니라 신체 단련의 효과까지 겸하고 있기 때문에 태극권을 '움직이는 명상'이라고 부르기도 한다. 태극권 수련은 동작을 느리게 할수록 자신의 몸을 느낌으로써 현재의 자신이 존재하고 있음을 알아차리게 된다. 이러한 효과 때문에 태극권은 중국은 물론 유럽, 미국 등 서구에서도 심신 수련의 방법으로 자리잡은 지 오래다. 태극권의 창시자 진흠(陳鑫) 선생의 〈학권수지(學拳須知)〉[128]에는 다음과 같은 대목이 있다.

「태극권을 배우려면 가득차면 안 된다. 가득차면 덜어내야 한다. 능히 겸손할 수 있으면 마음을 비우고 가르침을 받을 수 있다.」

즉, 겸손함은 마음을 비우는 것을 전제로 한다는 것이다. 타인에게 겸손하게 보이는 것으로 그치는 것이 아니라, 스스로 마음을 비워야 태극이라는 이치를 전해받을 수 있다는 것이다. 태극권에서는 이 모든 과정을 동작을 통해서 도달하게 된다. 동작 중에 나를 알아차리고, 마음을 비우고, 내려놓고, 상황을 받아들여 조화롭게 임할 수 있도록 한다. 태극권은 움직이는 명상이다.

3.
겸양의 태도
기르기

겸손은 말로부터 시작된다. 겸손한 마음도 말을 통해 나온다. 글도 마찬가지다. 겸양의 말은 안에 누가 있는 방의 문을 노크하는 것과 같다. 방문을 노크하는 것은 상대방의 공간과 프라이버시를 존중한다는 뜻이다. 노크는 준비되지 않은 상대방이 놀라지 않도록 심리적 안전을 제공한다. 또한 상대방이 "들어오세요"라고 말할 때까지 기다리는 것은 동의와 허락을 받는 과정이다. 그래서인지 대부분의 문화권에서 기본적인 예절로 여긴다. 이 챕터에선 인간관계의 윤활유 역할을 하는 겸손의 외적인 측면, 즉 겸양을 잘 표현하는 방법이 무엇인지 살펴보고자 한다. 수많은 방법들이 있겠지만 '겸양의 어법', '조심스러운 어법', '경청', '겸손한 질문', '취약점 밝히기', '자랑할 줄 알기'를 소개하고자 한다. 이러한 제언이 모든 상황에 적용되는 것은 아니다. 효과적인 커뮤니케이션 방법에 대해서는 다른 문헌이나 강의 등이 더 많은 도움이 될 것이다.

심리학적으로, 누군가가 어떤 제안을 했을 때 반대하는 사람은 찬찬히 사고한 뒤에 확실한 근거를 가지고 반대하는 경우는 드물다고 한다. 대부분은 의견을 말하는 발표자의 태도, 말투, 성격 또는 분위기에 대한 반발심에서 반대한다.[129] 이는 그만큼 말하는 사람의 태도 및 자세가 중요하다는 것을 암시한다. 따라서 사람들과의 대화나 발표를 할 때는 부정적인 인상을 최소화할 필요가 있다. 다른 요소는 차치하고 겸손함과 오만함만을 비교해 보면, 2부에서 살펴봤듯이 겸손한 사람이 보다 호의적인 평가를 받는다. 따라서 호의적인 인상을 주는 것은 말하는 목적을 달성하는 데 있어 첫 관문을 잘 통과하는 셈이다. 물론 3부에서 자세히 살펴봤듯이 너무 겸손하면 의도치 않게 역효과가 난다. 겸손과 자랑의 균형이 반드시 필요하다.

1) 겸양의 어법

'겸양의 어법'이라는 명칭이 적절한지는 모르겠다. 어디까지가 겸양한 건지는 상황에 따라 또는 듣는 사람에 따라 다르기 때문이다. 누구에게나 보편적으로 적용되는 겸손한 어법이 있다면 동서고금을 막론하고 벌써 경전이 되었을 것이다. 여기서는 일반적으로 통용되는 겸양어를 다루지 않겠다. 예를 들어, 나 ➡ 저희, 주다 ➡ 드리다, 묻다 ➡ 여쭙다, 보다 ➡ 뵙다. 등등

소통의 일차적 매체는 언어다. 말이란 마음의 창이고, 마음에서 잘 정

리되지 않은 일은 말 속에서 여러 방식으로 바로 드러나곤 한다. 한 개인의 말과 행동거지로 그 사람의 수양 정도를 판단할 수 있는 까닭은 바로 여기에 있다. 유가에서는 수양의 하나로, 말을 할 때 온화하고 항상 마음의 상태를 조절하여 쉽게 감정이 흔들리지 않아야 한다고 한다. 사심이나 욕심이 없으면 말은 자연스레 편안하고 명쾌해진다. 마음이 활짝 열린 사람이라면 받아들일 수 있는 능력이 뛰어나 타인의 입장에서 생각할 줄 알아 상대와 쉽게 소통한다. 주희(주자)는 "마음이 안정된 사람은 그 말이 신중하고 완만하며, 안정되지 않은 사람은 그 말이 경솔하고 조급하다."고 했다.[130] 하지만, 겉으로 드러나는 말과 행동만으로 어떤 사람의 겸손과 교만을 구별하는 것은 위험하다. 겉은 겸손하지만 그 속은 자기중심적인 사람이 있다. 반대로 겉은 교만해 보이지만 시간이 지나면서 겸손한 사람임을 알게 되어 신뢰를 얻는 사람도 있다. 사람들은 대개 자신이 겸손하다는 평판을 받길 원한다. 그래서 겸손한 척할 수 있다. 그러나 거짓 겸손은 결국 탄로가 나게 되어 있다. 따라서 언제 어디서나 말에는 진정성이 있어야 한다.

다행히 겸손한 말의 중요성을 일찌감치 깨닫고 실천한 사람의 이야기가 있어서 그것을 소개하고자 한다. 바로 벤저민 프랭클린Benjamin Franklin(1707~1790)이다. 그는 피뢰침을 발명한 발명가이자 문필가, 정치가로서, 미국의 100달러 지폐에 얼굴이 새겨진 미국 건국의 아버지들 중 한 사람이다. 그는 원래 자만심이 강한 사람이었다. 그의 자서전 중에서 그가 겸손을 터득한 과정을 간략하게 요약하면 다음과 같다.[131]

벤자민 프랭클린은 자서전에서 자신의 삶의 경험을 통해 얻은 교훈을 솔직히 기록하고 있다. 그는 처음에는 소크라테스식 논쟁법을 통해 상대를 설득하거나 논리로 압도하는 데 능숙했지만, 시간이 지나며 이러한 방식이 효과적이지 않을 때도 있음을 깨달았다. 그는 자신의 표현을 더 겸손하게 다듬고, "내 생각에는"이나 "제가 틀릴 수도 있지만"과 같은 유연한 어법을 사용하면서 상대를 설득하는 방식을 익혔다고 고백한다. 프랭클린은 이러한 태도가 단순히 상대의 반감을 줄이는 데 그치지 않고, 사람들과의 관계를 더욱 긍정적으로 만들었다고 회고한다.

프랭클린은 자서전에서 대화의 목적이 정보를 교환하고, 즐거움을 나누며, 상대를 설득하는 데 있다고 강조한다. 그는 독단적이고 거만한 태도가 오히려 대화의 목적을 방해한다고 지적하며, 겸손하고 온화한 말투가 사람들에게 더 큰 호감을 준다고 설명한다. 프랭클린은 이러한 태도를 통해 단순히 개인적인 성과를 넘어, 공적인 자리에서도 많은 지지를 얻을 수 있었다고 언급한다. 이는 그의 정치적, 사회적 성공의 중요한 비결 중 하나였다. 특히 그는 퀘이커교도 친구로부터 자신의 태도가 가끔 오만하게 비칠 수 있다는 지적을 받고, 이에 '겸손'을 덕목에 포함했다고 기록한다. 비록 겸손을 완벽히 실천했다고 자신할 수는 없지만, 이를 표면적으로라도 실천하려고 노력한 결과, 상대와의 대화가 훨씬 부드럽고 효과적으로 이어졌다고 밝힌다. 또한, 그는 자만심을 인간의 감정 중 극복하기 가장 어려운 부분으로 꼽으며, 이를 억제하려는 노력이 삶의 중요한 과제 중 하나였다고 말한다. 그는 자신을 다스리는 덕목[132]으로 처음에는 12가지를 시작했으며 나중에 겸손을 추가하였다.

그는 '겸손'이라는 덕목을 꾸준히 실천함으로써, 자신의 생각을 효과적으로 전달하면서도 상대방의 의견을 존중하는 균형을 맞출 수 있었다고 설명한다. 프랭클린의 자서전은 단순히 과거의 이야기를 넘어, 오늘날에도 유효한 교훈을 전한다. 상대방을 존중하는 겸손한 태도와 말투는 동서양을 막론하고 사람들의 호감을 얻는 중요한 덕목이다. 그의 사례는 겸손과 자기 개선이 인간관계와 사회적 성공에서 얼마나 중요한 역할을 하는지를 잘 보여준다.

이어서 프랭클린과 마찬가지로, 노스캐롤라이나 대학교Univ. of North Carolina 엘리슨 프래게일Alison Fragale 교수가 말하는 '조심스러운 어법powerless speech'에 대해 말하고자 한다. 어법에 대한 예시로 다음을 들고 있다.

- 망설임: 글쎄, 음, 어, 알다시피
- 얼버무림: 일종의, 좀, 아마, 어쩌면, 내 생각에는
- 권위 포기: 이건 그렇게 좋은 생각이 아닐지도 몰라, 하지만……
- 부가 의문문: 그거 재미 있군, 안 그래?, 또는 좋은 생각이야, 그렇지?
- 강조 부사: 정말로, 대단히, 꽤

그의 연구[133]에 따르면, 이런 말을 듣는 사람은 자신감이 없어 보이지는 않는다고 한다. 오히려 조심스럽게 말함으로써 당신의 의견을 따르겠다는, 혹은 적어도 당신의 견해를 충분히 고려하겠다는 의지를 보여준다는 것이다. 프래게일은 누군가가 강한 어조로 말하면 듣는 사람은

"그가 전체의 희생을 대가로 개인적인 성취를 우선으로 추구한다."는 인상을 받는다고 한다. 또한, 조심스러운 화법은 지배력을 행사하지는 않지만, 열린 자세를 보여줌으로써 팀의 생산성을 더 높인다는 연구 결과[134]도 있다.

그러나, 조심스러운 말 중 조심해야 할 것들이 있다. 그렇지 않으면 더 큰 위험을 감수해야 한다. 사람들이 어떤 이야기를 시작할 때 흔히 사용하는 '이기적으로 들릴지도 모르겠지만', '오만하게 생각할지 모르겠지만', '자랑으로 들릴지 모르겠지만' 같은 표현이다. 심리학자들은 이런 종류의 권위 포기가 역효과를 낸다는 사실을 밝혀냈다.[135] 이야기를 듣기도 전에 '이기적으로 들릴지도 모르겠지만' 이라고 말하면, 화자가 무언가 이기적인 내용을 말하려 한다고 예상하기 때문이다. 듣는 사람은 자연스럽게 말하는 사람의 이기심을 확인해 줄 정보를 찾으려고 애쓰고 또 그것을 찾아낸다.

2) 경청

우리는 말을 많이 하고 산다. 말이 너무 없다는 소리를 듣는 사람은 드물다. 회사에서는 직급이 높은 사람일수록 말이 많은 편이다. 독일 최고의 커뮤니케이션 전문가 코르넬리아 토프Cornelia Topf는 자신의 저서 〈침묵을 배우는 시간〉(2024)에서, 회사 임원들이 말을 많이 하는 이유를 설명하며, 그들이 침묵을 권력이나 신분의 상실로 인식하는 경향이 있다고 지적한다. 어떤 CEO는 회의 시간의 대부분을 혼자 떠들기 때문에 참석자가 준비한 내용을 말하지 못한 경우가 허다하다. 그는 주로 자기 자랑 내지는 과거의 이야기로 그 시간을 다 허비한다. 회의 참석자가 10명이라면 1시간씩 총 10시간을 빼앗아 간 셈이다. 의사 소통에 있어서의 겸손은 자신은 말을 가급적 적게 하고 상대에게 기회를 많이 주는 것이다. 사실 말을 너무 많이 하다 보면 무심코 실수하거나 다른 사람에게 상처를 주거나 공격을 받을 만한 말을 할 가능성이 높다. 또 자기 주장이 많아져 다른 사람이 피로감을 느낄 수 있다. 말을 줄이면 자연히 듣게 되는 시간이 많아져 상대로부터 신뢰와 호감을 얻을 수 있다. 말을 적게 하면 말에 무게가 실리고 신중함을 보여줄 수 있다. 말을 줄이고 경청을 하는 것이야말로 바로 지적 겸손을 실천하는 것이다. 사람들은 말을 잘하는 사람보다 말을 잘 들어주는 사람을 좋아한다. 말을 많이 하는 것은 상대방의 존엄성을 빼앗는 것이고, 상대의 말을 잘 들어주는 것은 상대에게 관심과 존경을 선사하는 것이다.

그런데 우리는 왜 제대로 듣지 못하는 것일까?

우리는 지금껏 듣기 훈련을 제대로 받은 적이 없다. 말하기, 읽기, 쓰기에 비해 듣기에 공들였던 시간은 너무도 짧다. 보통 사람은 시험용 듣기 평가 외에 기억에 없다. 경청Deep Listening을 방해하는 이유 중 하나는 상대가 하는 말을 다 알고 있다고 생각하는 것이다. 우리가 나이가 들면서 지식과 경험이 쌓이면서 상대의 말이 자신이 이해할 수 있는 범위 내에서 익숙해진 틀에 따라 걸러서 듣는 것이다. 이런 상황에서 상대가 말하지 않은 부분까지 헤아리면서 경청하는 일이 가능할 리 없다. 세계적 사상가 램 차란Ram Charam 하버드대 교수는 모든 정보가 열려 있는 이 시대에 '겸손한 듣기humble listening'을 리더의 최고 자질 중 하나로 꼽았다.[136]

이처럼 경청의 첫걸음은 침묵이라 할 수 있다. 침묵은 상대방의 말을 깊이 듣고 이해할 수 있는 공간을 만든다. 말이 많을수록 자신을 드러내려는 욕구가 커질 수 있다. 그 이유 중 하나는 '사람들의 관심'을 끌고 싶기 때문이다. 침묵은 불필요한 논쟁이나 충동적인 반응을 억제하고 평정심을 유지하게 해준다. 평정심은 타인의 말과 행동을 수용적으로 바라보는 데 도움을 준다. 또한 침묵은 다른 사람과 세상을 더 주의 깊게 관찰하게 하고 객관적으로 상황을 바라보게 해준다. 또한, 말을 하기 전에 잠시 침묵을 유지하면 그 말이 신중하고 설득력 있게 전달된다. 대화 중 적절한 침묵은 타인에 대한 경청을 통해 겸손의 미덕을 키우는 데 필수적인 역할을 하는 것이다. 침묵을 단순히 말을 멈추는 것이 아니라, 마음을 열고 더 깊이 느끼고 깨닫는 도구로 여긴다면, 겸손에 한 걸음 더 다가갈 수 있을 것이다.

세기의 천재 과학자 아인슈타인은 $a=x+y+z$라면서 a가 '성공'이라면 x는 '일', y는 '놀이', z는 '입다물고 조용히 있기'라고 했다. 조용히 듣는 법을 배우라는 조언이다. 미국 토크계의 전설이자 한때 세계 최고의 앵커라 불렸던 래리 킹Larry King은 "말을 제일 잘 하는 사람은 논리적으로 말하는 사람이 아니라, 남의 말을 잘 들어주는 사람이다."라고 말했다.

정신과 의사이자 경영컨설턴트인 마크 고울스톤Mark Goulston박사는 그의 저서에서 사람들과 깊이 연결되고 긍정적인 영향을 미치려면 강한 인상을 주려 하기보다 상대의 말을 경청하는 것이 더 중요하다고 강조한다.[137]

하지만, 경청이 언제나 필요한 것은 아니다. 대체로 아래와 같은 경우에는 경청이 불필요하거나 적절하지 않을 수 있다.

- 일방적인 자기 주장
- 반복적이고 의미 없는 대화
- 긴박한 상황
- 자신의 심리적 에너지가 소진된 상태

이러한 상황에서는 경청을 할 필요가 있는지 대화의 의미가 있는지 다시 점검해 보는 것이 중요하다. 눈을 자주 깜빡이거나 딴 곳을 바라보는 등 비언어적 신호를 보인다든지, 화제를 다른 데로 돌리는 것도 효과적이다. 또는 시간이 없을 때에는 "이 부분은 흥미로운데, 제가 시간이 좀 없어서 요점을 듣고 싶네요."라고 말하면서 대화를 마치게 할 수 있다.

3) 겸손한 질문과 도움 요청

우리가 의사 소통을 함에 있어서 올바른 자세로 경청하는 것도 중요하지만 더 효과적인 것이 바로 질문이다. 많은 경우, 진지하게 경청하는 사람도 기억에 남지만 특히 질문을 한 사람들을 더 오래 기억한다고 한다. 그저 들은 내용을 다시 묻는 것만으로도 상대가 말하는 내용을 신경 써서 듣고 있다는 것을 보여줄 수 있다. 혹, 상대방과 대화를 매끄럽게 이어가고 싶다면 상대가 답변하기 쉬운 질문을 하는 것이 좋다. 주제를 벗어나거나 대답하기 어려운 질문은 상대를 거북하게 해 얻는 것 없이 관계만 나빠질 수 있다. 이렇게 적절한 질문은 상대방의 마음을 여는 동시에, 자신의 태도를 부드럽게 표현할 수 있게 해 준다. 이를 입증하기 위해, 영국의 세일즈 전략 전문가인 닐 래컴Neil Rackham은 9년 동안 뛰어난 협상가와 평범한 협상가를 비교 연구했다. 그 결과, 뛰어난 협상가는 더 많은 시간을 들여 상대의 관점을 이해하려 한다는 점을 발견했다. 그들은 평범한 협상가보다 21 퍼센트 더 많이 질문했고, 협상과 직접 관련된 내용은 10 퍼센트 덜 이야기했다.[138] 그리고 더 나아가 사람들은 일반적으로 도움을 요청하는 사람을 싫어하지 않는다. "도움을 요청하다니 나를 능력 있는 사람으로 보는 안목을 가졌군."이라고 생각한다고 한다. 도움을 요청받음으로써 자존감이 올라가기 때문이다.

　한 연구[139]에 의하면, 실험실에서 파트너가 "조언을 구할 수 있을까요?" 라고만 물어봐도 조언을 구하지 않은 파트너에 비해 '우수하고 나중에 자신도 조언을 구할 수 있을 만한 사람'으로 평가하는 현상이 나타났다. 물론 너무 자주 도움을 요청해서는 안 되겠지만 필요한 도움을 겸손하게 요청한다면 싫어할 사람은 별로 없을 것이다. 심리학에서는 위 실험처럼 도움을 준 사람이 도움을 요청한 사람에게 오히려 호감을 느끼는 현상을 '벤저민 프랭클린 효과'라고 부른다. 당시 프랭클린이 서로 사이가 좋지 않은 의원에게 진귀한 책이 있는 것을 알고 이틀만 빌려달라고 요청했다. 빌린 책을 다 읽은 프랭클린은 이틀 뒤 감사 편지와 함께 책을 돌려주었다. 도움을 요청하는 것은 '상대방은 배울 점이 많은 사람이고 신뢰할 만한 사람'이라는 전제를 보여준 것이다. 그 뒤로 두 사람은 좋은 친구가 되었다고 한다.

　나도 이 책을 쓰는 과정에서 많은 분들에게 나의 생각, 글의 내용, 전개 과정 등에 대해 의견을 물었는데, 그들 모두로부터 성의 있는 피드백을 받았다. 이 책은 그러한 도움 덕에 완성도가 한층 높아졌다. 다시 한번 도움 요청의 효과를 체험하는 기회가 되었고, 도움을 주신 분들께 감사의 마음을 전한다. 이처럼 적절한 질문이나 도움을 요청하는 것은 경청의 효과는 물론 대화의 질을 한층 높여준다. 여기서 한 가지 짚고 넘어가야 할 것은 진심으로 조언을 구하지 않으면 아무 소용이 없다는 점이다. 이러한 적절한 질문에 우리가 겸손함을 더한다면 어떨까? 세계적인 조직 심리학 석학인 에드거 샤인Edgar H. Schein(1928~2023)은 〈리더의 질문법〉이라는 책을 통해, '겸손한 질문'이 커뮤니케이션 및 인간관계에 있어서 최고의 방법이라고 말한다. 그는 겸손한 질문을 다음과 같이 정의한다.

"겸손한 질문은 상대방의 발언을 끌어내고, 자신이 답을 알지 못하는 것에 대해 묻고, 상대방을 향한 호기심과 관심을 바탕으로 관계를 맺는 기술이다."

질문 중에는 오만이 담길 수 있음을 주의해야 한다. 대개 단도직입적으로 하는 질문은 오만하게 비칠 수 있다. 중요한 것은 단도직입적 질문을 던지기 전에 자신의 목적이 무엇인지 스스로에게 묻는 것이다. 당신은 호기심을 느끼는가, 아니면 자신이 정답을 안다고 생각하여 옳다는 것을 확인 받고 싶을 뿐인가? 후자일 경우엔 상대방이 방어적 태도를 취하더라도 놀랄 일이 아니다. 다음의 예를 보자.

•단도직입적 질문의 예•

외지인이 어느 농촌 마을을 찾아가다가 갈림길에서 걸음을 멈추고 지나가는 현지인에게 어느 길로 가야 하느냐고 묻는다.[140]

외지인: 이 길로 가면 A 마을이 나오나요?

현지인: 그래요. 그 길로 가면 A 마을이 나와요.

외지인: 그럼 이 길로 가도 A 마을이 나오나요?

현지인: 그래요. 그 길로 가도 A 마을이 나와요.

외지인: 그렇다면 제가 어느 길로 가는 게 더 좋을까요?

현지인: 그게 나랑 무슨 상관이에요!

외지인이 "이 길로 가면" 대신에 "A 마을 가는 길을 찾고 있어요. 좀 도와주시겠어요?"라고 물었다면 현지인은 그 부탁을 쉽사리 외면할 수 없었을 것이다. A 마을 가는 길을 알고 싶었던 외지인은 예/아니오라는 답만 요구하는 질문을 던졌다. 도움을 청하지 않았다. 자신의 발언에 대한 판단을 요구했다. 만약 자신의 무지를 인정하고 겸손하게 질문했다면 최선의 결과를 얻었을 것이다. 단도직입적인 질문과 비교되는 겸손한 질문을 예로 들어보면 아래와 같다. 이는 타 자료[141]를 참고하여 재구성되었다.

생산 설비의 노후로 조립 라인이 멈추어 회사에 큰 손실을 초래한 사건에 대한 원인 조사

단도직입적 질문	겸손한 질문
• 누가 잘못을 저질렀고 누구를 해고해야 하겠습니까?	• 당시 무슨 일이 일어났는지 전부 이야기해 줄 수 있겠어요? (진단형 질문) • 생산부서는 이 문제에 대해 어떻게 느꼈다고 생각하세요? (감정반응파악 질문) • 기술부서 등 지원부서의 도움은 없었나요? (체계적 질문) • 우리의 대화가 사고 원인 파악에 진전이 있나요? (절차지향적 질문)

4) 취약점 밝히기

말이란 사랑과 존경을 받기 위해 사람을 설득하는 것이라고 생각한다. 설득이란 강요가 아니라 결국 상대가 자신의 판단으로 결정할 때 비로소 이루어지는 것이다. 다시 말해, 설득은 상대가 스스로 결정하도록 유도하는 것이 된다. 그러한 면에서 우리가 자기 주장을 할 때는 상대가 생각할 공간을 마련해주어야 한다. 누군가가 자신을 설득하려 한다는 사실을 인식하면, 자연스럽게 정신적 방어막을 치게 된다는 연구 결과[142]도 있다.

애덤 그랜트Adam M. Grant는 자신의 저서 〈기브앤테이크〉(2013)에서 '힘을 뺀 의사소통powerless communication' 방식이 상대방의 신뢰를 얻는 데 매우 효과적이라는 사실을 밝혀냈다. 힘을 뺀 의사소통은 단정적으로 말하지 않고, 의문을 자주 드러내며, 상대의 조언에 의지하는 특성을 가진다. 이를 실천하는 사람은 타인의 관점과 이익을 존중하고, 대답하기보다는 질문을 많이 한다. 또한, 신중하게 말을 하며 자신의 약점을 인정하는 태도를 보인다. 자신의 생각을 강요하기보다는 조언을 구하는 것이다. 우리가 새로운 아이디어나 변화를 제시할 때, 상대방은 종종 회의적인 반응을 보인다. 특히 투자 자금을 유치하는 경우, 사람들은 기업의 주장에서 허점을 찾으려 한다. 기업들이 장점만 부각시키고 단점은 최소화하려는 경향이 있지만, 일부 사소한 취약점을 드러내는 것은 오히려 긍정적인 결과를 가져올 수 있다. 이러한 방식은 신뢰를 쌓는 데 중요한 역할을 한다.

그중 하나는, 바로 사람을 무장해제 시키는 것이다. 한 예로, 육아 온라인 잡지 〈배블Babble〉를 창업한 CEO 루퍼스 그리스컴Rufus Gricom이 투자 유치를 하는 과정을 소개한다.[143] 그녀는 기업이 꾸준히 성장하고 있으며 무한한 잠재력을 지니고 있다는 점을 투자자들에게 전달하려고 했다. 그러나 '회사의 강점을 강조할수록 투자자들은 오히려 의심스러운 눈길을 보냈다.'고 회상했다.

그때부터 그녀는 정반대의 전략을 택했다. 자신의 회사에 투자하지 말아야 할 다섯 가지 이유를 제시한 것이다. 투자자들의 반응에 대해 그녀는 이렇게 말한다. "제가 '이 기업을 인수하면 안 되는 이유'라는 제목의 슬라이드를 띄우자마자, 투자자들은 먼저 웃음을 터뜨렸어요. 그러고 나니 긴장이 풀리는 게 보였죠. 덕분에 제가 하는 말을 더욱 정직하게 받아들이게 된 것 같습니다."

나는 회사에서 투자자 관리IR, Investor Relations업무를 한 적이 있다. 국내 외 투자자들을 만날 때면 그들은 대개 회사의 주가 수준이 낮다고 불평 을 많이 하며 주가를 제고할 방안을 요구하곤 했다. 그럴 때마다 필자 는 투자자의 의견에 맞서 회사의 좋은 점과 잠재력을 더욱 부각하면서 그들을 설득하고자 했다. 돌이켜 보면, 회사의 부족한 점을 솔직히 인 정하고 오히려 조언을 적극적으로 구했더라면 더 설득력 있고 효과적 인 IR활동이 되었을 거라는 아쉬움이 남는다.

취약점 밝히기의 또 다른 효과는, 신뢰도를 높여주는 것이다. 사업 모 델을 만든 당사자가 스스로 문제점을 지적해줌으로써 투자자들이 할 일을 일정 부분 대신해준 셈이다. 정직하고 겸손하다는 인상까지 주게 된다. 그린스컴이 자기 기업이 지닌 가장 심각한 문제점을 인정함으로 써 투자자들이 그 기업의 문제점을 지적하기 어렵게 만들었다. 물론 듣 는 사람이 어느 정도 인식하고 있는 단점이 아니라면 역효과가 날 수도 있다.

이렇듯, '취약점 밝히기'에는 전제가 있다. 취약점은 전체적인 장점 과 비교해서 큰 중요성을 갖지 않는 것이라야 하고, 절대로 핵심 능력 을 방해하는 것이어서는 안 된다. 심리학자 존스E.E. Jones는 사람들이 자 신의 강점을 부각하기 위해서는 일부 사소한 약점을 드러내는 것도 도 움이 될 수 있다고 분석한다.[144] 또한 약점을 드러내는 태도는 듣는 사 람이 화자의 능력을 확실히 알고 있을 때에만 효과를 발휘한다. 심리학 자 엘리엇 애런슨Elliot Aronson이 이런 실험을 했다. 어느 오디션 프로그램 에서, 평범한 참가자가 자신의 옷에 커피를 쏟은 경우 이미지가 나빠졌으나, 전문가로 알려진 참가자가 같은 실수를 저질렀을 때는 청중이 더 호감을 느꼈다. 심리학자들은 이 현상을 '실수 효과pratfall effect'라고 부른다. 전문가에 대해서는 자기보다 우월하게 여겨 거리감을 느끼는 대신 그가 가벼운 실수를 하면 사람들은 그를 인간적으로 보고 친근하게 생각한다는 것이다.[145]

5) 자랑할 줄 알기

겸손한 사람들은 대개 기질적으로 자랑하는 것을 힘들어 한다. 자기가 하는 일의 중요성과 가치를 부풀리지 않는다. 또한 그들은 대체로 실력을 우대하지 않는 현실을 크게 원망하지 않는 편이다. 길게 보면 세상이 다 알아줄 것으로 믿기 때문이다. 특히 숫자나 확실한 결과를 내야 하는 업종에 있는 사람들은 결과물로 인정받고 책임지는 것에 익숙하다. 구질구질하게 과정을 설명하는 걸 꺼린다. 특히 회계와 자금 업무는 숫자가 모든 것을 말해준다고 생각하는 편이다. 나도 그들 중 한 사람이었다. 대부분의 일은 결과 중심적이었고 그 결과에 따라 과정은 평가되는 것이라고 생각했다. 그러나, 과연 겸손한 사람들이 모두 다 그럴까? 우리는 인간이기에 인정받고자 하는 욕구를 가지고 있다. 그래서 실력은 별로 없는 것 같은데 목소리 큰 사람이 잘되는 모습을 보면 마음이 편치 않다. 자신은 과소평가를 받고 있다는 느낌을 갖는다. 심하게 자기PR을 하는 사람을 보면 눈살이 찌부러지기도 한다. 일하는 과정에서 자랑해도 될만한 것조차 자랑하면 안 되는 것처럼 여겼다. 그럼 왜 '조용한 실력자'에게 자랑은 그토록 어려운 걸까? 심리학자들은 조용히 있기가 쉽기 때문이라고 한다. 자랑은 스스로 스포트라이트 가운데로 걸어 들어가 자기 약점을 노출하는 일과도 같기 때문이다. 인간이기에 우리는 상처받는 상황을 꺼린다. 겸손한 사람은 이러한 경향이 보통 사람보다 다소 심할 뿐이다.

자랑이라고 하면 많은 사람들이 곧장, 자기 과시를 떠올린다. 하지만, 여기서 '자랑을 잘한다'라는 말은 자기 과시와는 좀 다르다. 자신에게든, 타인에게든 자신의 능력이나 자신감을 실제보다 부풀려서 연기하라는 게 아니다. '자랑을 잘한다.'는 말은, 자기 일에 적절한 자부심을 갖는 것이며, 그 자부심을 주위에 표현한다는 뜻이다. 자신이 해낸 일에 대해 적절한 자부심을 갖고 당당하게 이야기하면 된다. 특히 유난히 내성적인 성격을 가졌거나 가면증후군이 심한 사람은 자랑을 더 해야 한다. 본인은 자랑을 하고 있다고 생각해도 그를 바라보는 보통 사람들의 눈에는 여전히 겸손한 사람으로 보일 것이다. 겨우 균형을 찾아갈 뿐인 것이다. 또한, 자랑을 잘하게 되면 건강한 자부심을 기르게 될 것이다. 그리고 그것은 듣는 사람에게도 선한 영향력을 행사하는 것이다. 가치 있는 일을 한 경우에 자랑은 본인에게는 성장의 토대가 되고 친구, 동료, 회사에게는 배움의 기회를 준다. 자랑할 만한 일을 하라고 고용되지 않았는가? 그래서 자랑도 중요한 업무다. 당신은 실력자이므로 자랑할 거리가 많을 것이다. 우리는 앞에서 손흥민 선수의 당당하고 동시에 겸손한 모습을 봤다. 좋은 롤모델이다. 목소리를 조금 더 높이고 자신과 타인을 위해 자랑하는 능력을 키운다는 말은 곧 자신의 성과, 기술, 자질을 깎아내리거나 겸손한 척하지 말고 있는 그대로 이야기하는 훈련을 한다는 뜻이다. 적절한 자랑에 도움이 될만한 제언을 드리면 다음과 같다.

첫째, 성과를 냈으면 사실만 말하면 된다.

성과를 얘기할 때는 최대한 단순하게 말한다. 수식어를 가급적 사용하지 말자. 아래에 예로 든 문구는 손흥민 선수가 아시아 선수로 EPL역사상 최초로 100골을 넣고 난 후 자신의 SNS에 올린 내용에서 발췌했다. 예) 나는 EPL에서 100골을 넣었다.

둘째, 솔직하고 능동적으로 말한다.

다른 사람의 기분을 고려해 에둘러 말하거나 자기 주장이나 기분을 포장하면 안 된다. 한마디로 솔직해야 한다. 예) EPL 100골을 기록한 최초의 아시아 선수가 된 것이 자랑스럽다.

셋째, 부정적인 수식어는 쓰지 않는다.

부정적인 표현은 상대방의 감정에 부정적 영향을 미칠 수 있다.[146] 예를 들어, "슬쩍 자랑 좀 할게요."와 같은 말은 상대에게 진심어린 응원의 마음이 들지 않게끔 만들 수 있다. 그래서 자조적 또는 자기 비하적인 말은 삼가는 것이 좋다. 실제로 해낸 일은 스스로 자부심을 가져도 좋기 때문이다. 부정적인 표현과 긍정적인 표현의 간단한 예를 들어보면 다음과 같다.

부정적인 표현	긍정적인 표현
이런 말하기 부끄럽고, 자랑하기 싫지만……	제가 신제품을 출시했는데, 널리 소개해 주시면 감사할 것 같아요.
얼굴에 철판 깔고! 광고합니다.	제가 AI에 관한 책을 썼는데 관심 있는 분들께 공유 부탁드립니다.
자식 자랑은 팔불출이라는데….	우리 아들이 A대학 교수로 임용되었는데 좋은 교수가 되도록 많은 지도편달 부탁드립니다.
요즘은 자기 PR 시대니까 한 말씀드리면….	제가 패널로 나갔던 토크쇼 영상 좀 보실래요? 도움이 되었으면 좋겠습니다.

좋은 자랑에는 네 가지 요소가 필요하다.

첫째, 자부심을 갖는다. 자부심을 갖자는 것은 자신이 한 일이 칭찬을 받을 가치가 있고, 팀이나 회사 등에 기여를 했기 때문이다. 일단 칭찬을 받아들일 용기가 필요하다. 그렇게 함으로써 그들도 자부심을 느낄 것이다.

둘째, 가치(의미)를 부여한다. 그 성과가 내게 어떤 의미였고, 그걸 이루는 동안 내가 배운 게 뭐였는지 자연스럽게 이야기하면 된다. 뿐만 아니라 그 일이 팀과 회사에 어떤 기여를 했는지도 언급하면 좋다. 그들도 진정으로 축하해 줄 것이다.

셋째, 감사하는 마음을 담는다. 감사하는 마음을 나누면 주위에도 긍정적인 기운이 퍼져 나간다. 같이 성과를 낸 사람들에 대한 이야기도 빼놓지 않고 하면 서로 힘을 실어주는 환경이 만들어지고 함께 발전해 나간다. 감사를 전하면 자랑할 때의 찝찝함도 줄어든다. 감사를 표현하면 더 행복해진다는 연구도 있다.[147]

넷째, 약간의 재미를 더한다. 이는 듣는 사람을 즐겁게 할 뿐만 아니라 친근감과 편안함을 전달한다. 예를 들면, 축구 선수 손흥민이 '어떻게 하면 축구를 잘 할 수 있느냐'는 질문에 '축구만 하면 됩니다.'라고 답한 적이 있다. 조심해야 할 것은 과도하게 자기 비하적이거나 타인을 조롱하는 듯한 발언 등이다.

지금까지 자랑을 잘하는 방법을 알아봤다. 하지만, 뭐니뭐니 해도 최고의 자랑은 제3자가 해주는 자랑이다. 이를 위해서는 본인이 다른 사람들을 칭찬해 줘야 한다. 사실 자기 PR보다 남을 칭찬해 주는 게 훨씬 쉽고 효과적이다. 다른 사람을 대신해서 자랑해 주면 그들도 똑같이 보답한다. 이를 가리켜 '샤인 이론Shine Theory'라 부른다.[148] 이 이론은 다른 사람이 최상의 모습을 선보이게 돕고 나도 보답으로 도움 받는 것을 말한다. 자신이 직접 자신을 자랑하는 경우에는 자기 홍보로 보일 수 있지만, 다른 사람이 자랑해 주면 더 객관적이고 신뢰감 있는 평가로 받아들여질 가능성이 높다. 특히 그 사람이 신뢰받는 사람일수록 효과는 커진다. 또한 내가 다른 사람을 칭찬하거나 자랑하면, 그것은 그 사람과의 관계가 긍정적이라는 신호로 작용한다. 이를 통해 사회적 연결망이 강화될 수 있다.

이렇듯 스스로를 위해, 친구와 동료, 가족, 조직을 위해 자랑하는 기술은 반드시 배워야 한다. 자랑은 상황에 맞게 적절히 해야 한다. 우리는 3부 〈겸손의 손익계산서〉에서 겸손해서 자칫 손해보는 상황을 살펴봤다. 이제 독자 여러분은 모든 상황을 지혜롭게 해낼 수 있을 것으로 확신해도 좋다.

우리는 지금까지 사람들과의 대화에서 필요한 '겸양의 태도 기르기'를 살펴봤다. 앞에서 소개한 여러 방법들이 어느 경우에도 통하는 마법은 아니다. 오히려 어떤 상황에서는 효과가 없거나 역효과가 날 수도 있다. 이때 판단의 근거가 되는 것은 오만하지 않고 상대를 존중하는 진정한 겸손의 마음이다. 진실한 마음은 반드시 통하게 되어 있다.

궁극적으로 겸손은 우리 삶의 중심을 '나'에서 '우리'로, 나아가 '더 큰 세계'로 확장시키는 힘이다. 겸손은 단순한 미덕에 그치지 않고 여러분의 삶 속에서 매일 실천하고 경험하며 발전시킬 수 있는 구체적이고 실질적인 가치다. 이렇게 대장정의 마지막인 5부를 마무리하며, 겸손은 결국 자신을 알고, 타인을 존중하며, 세상과 조화를 이루는 삶의 예술이며, 내면의 평화와 행복의 원천임을 강조하고 싶다.

겸손에 대한 오해를 내려놓는다면

겸손은 결코 나약한 것이 아니다. 또한 무조건 자신을 낮추거나 스스로를 비하하는 것이 아니다. 겸손하다는 것은 자신의 재능과 성취에 대해 객관적 시각으로 바라보는 능력인 동시에 자신을 있는 그대로 수용하는 태도다. 또한 겸손은 자신의 불완전성에 대한 이해이며 오만함에 빠지지 않는 것이다. 따라서 자기주도형 리더에 이미 익숙해진 조직은 지적 겸손의 가치를 살펴볼 필요가 있다. 겸손을 존중하는 기업은 지적 겸손을 통해 작금의 복잡하고 변화무쌍한 경영 환경에 효과적으로 대처할 수 있을 것이다.

겸손과 자랑에 균형을 유지한다면

어느 경우에도 완벽한 겸손은 없다. 겸손에 너무 높은 잣대를 들이대지 말자. 우리는 성인 군자가 아니다. 우리는 이성적으로 완전하지 않다는 점을 인식하고 다른 사람은 물론 자신에게도 관대해야 한다. 혹시 스스로 너무 겸손하여 자신감이 부족한 독자가 있다면 이제 당당하게 자기의 가치를 보여주자. 그리고 칭찬을 받아들이자. 진정한 자부심은 오만이 아니다. 이제 독자들은 겸손하게 자랑하는 법을 알았다. 겸손한 사람들은 조용한 실력자일 확률이 높기 때문에 자랑할 것이 많다. 더구나, 상황에 맞게 겸손과 자랑의 균형을 유지한다면 당신은 훨씬 더 지혜로운 사람이 될 것이고, 사람들의 존경과 사랑을 독차지할 것이다.

겸허의 마음을 우선 기른다면

우리의 몸과 마음은 하나로서 서로 영향을 준다. 겸허의 마음이 비움으로 가득하면 자연스럽게 말과 행동으로 나타나게 되어 있다. 겸손은 겉으로 드러나는 겸양과 안에 있는 겸허의 마음으로 구성된다. 거짓 겸손은 결코 통하지 않으며 금방 탄로가 나 큰 화를 입게 된다. 마음이 비워진 상태에서 겸양의 태도가 나타날 때 자연스럽게 겸양과 겸허가 하나가 된다. 다시 말해 무위 상태의 겸손이 된다. 혼자 있는 시간 또는 명상은 마음을 단련하는 시간이다. 겸허의 바탕 위에 겸양이 자리할 때 그것이 진정한 겸손이라 할 수 있다. 그래서 황금벼는 일부러 고개 숙이지 않는다.

겸손의 가치를 따져본다면

겸손은 결코 손해보지 않는다. 언뜻 손해인 듯 보이지만 길게 보면 큰 이익으로 돌아온다. 기본적으로 겸손은 사람들로부터 호감과 신뢰를 쉽게 얻고, 그렇게 얻은 신뢰는 적금처럼 쌓이며 시간이 흐를수록 이자까지 붙는다. 결국 겸손의 손익계산서는 흑자다. 겸손으로 얻은 이익은 개인의 '인생 재무제표'에서 자산이 된다. 겸손은 무형의 사회적 자산이자 심리적 자산이다. 사회적 자산이 많은 사람이 부자다. 또한, 겸손한 사람은 정신적으로 건강하다. 다시 말해, 겸손한 사람은 자신의 삶을 더 넓은 관점에서 보기 때문에 내적 안정을 유지할 수 있고, 삶에 대한 감사와 충만감을 더 느끼게 된다.

겸손이 전염된다면

유명한 연구[149]에 의하면, 내가 행복해질 가능성은 내 친구가 행복하면 약 15퍼센트 증가하고, 내 친구의 친구가 행복하면 약 10퍼센트 증가하며, 내 친구의 친구의 친구가 행복하면 약 6퍼센트 증가한다고 한다. 이러한 현상은 비만이나 흡연에서도 일어난다고 한다. 그것이 겸손에도 마찬가지로 적용될 수 있다. 당신이 겸손한 사람이면 친구가 겸손해질 확률은 15퍼센트 올라간다. 혹시 당신이 겸손과 다소 거리가 있는 사람이지만 겸손한 사람을 이해해 준다면, 그들은 당신의 열렬한 응원자가 될 것이다. 인간관계의 성공이란 '만나고 싶은 사람'이 되는 것이다. 겸손은 겸손을 부른다. 겸손한 친구가 많아지면 우리 사회는 진정으로, 겸손한 사회가 될 것이다.

이 책은 아래 많은 분의 도움과 격려가 없었다면 불가능했다. 우선 겸손의 가치를 알며 살도록 가르쳐 주신 부모님께 감사드린다. 그리고 훌륭한 저작을 남겨준 동서양의 수많은 사상가, 종교지도자, 학자들의 지혜를 빌렸다. 책을 쓰는 동안 동양철학의 관점에서 진정한 겸손의 본질을 깨닫게 해주신 성균관대 유교문화연구소장 김도일 교수님, 동국대 불교학과 김호성 교수님, 그리고 심리학적 관점에서 많은 조언을 해주신 고려대 심리학과 이완정 교수님, 오랜 기간 직접 체험한 일본인의 겸손 심리를 알려주신 시세이도 코리아 한상진 전무님께 고마움을 전한다.

돌이켜보면, 학창 시절의 훌륭한 선생님들, 직장생활의 모범을 보여주신 최해용 사장님을 비롯한 선후배 동료들의 가르침이 이 책의 바탕이 되었다. 그리고 가까이에서 책의 준비부터 최종 퇴고까지 우정 어린 조언을 많이 해준 진정한 벗 최종구, 정찬형, 백태종에게 고마움을 표한다. 많은 해외 문헌을 이해할 수 있도록 번역 등 도움을 주신 Young께 고마움을 전한다. 그리고 동양 고전에 대한 명쾌한 해석과 이 시대의 진정한 겸손 사례를 발굴해 주신 이강모 선배님. 전경련 기업경영협의회 멤버로 20년째 애정 어린 조언과 겸손한 삶을 보여주신 문성환 SK케미칼 이사회 의장님 이하 말구회 회원들께 깊은 고마움을 표한다. 또한 30-40대 직장인의 겸손심리 분석과 원고에 진솔한 의견을 준 EY한영의 후배 동료들. 15년 전 심신수련의 세계로 이끌어주신 (사)밝은빛 태극권협회의 박종구 교육원장, 엄기영 원장, 강수원 부원장, 한창희 선생께 감사드린다.

무엇보다도 나에게 글쓰기를 지도해준 선생님이자 편집장으로서 이 책의 기획, 편집, 출판 과정을 매끄럽게 마무리해주신 베스트셀러 작가 한완정 님께 감사드린다. 마지막으로, 비판적 시각으로 원고를 봐주고 헌신적인 독자 역할을 해준 사랑하는 아내 유종숙, 그리고 책의 제목 선정부터 내용 구성 등 참신한 의견들을 준 아들, 며느리, 딸, 사위에게 사랑과 감사의 말을 전한다.

1부. 우리가 알고 있는 겸손의 실체

1. 한국인들이 생각하는 겸손

Q. 한국인들이 생각하는 겸손의 주요 특징은 무엇인가?

Q. 겸양과 겸허의 차이점은 무엇이며, 어느 것이 더 중요하다고 생각하는가?

Q. 겸양과 겸허가 기업 경영에 미치는 영향과 그 의미는 무엇인가?

2. 겸손의 3가지 유형

Q. 관계적, 지적, 초월적 겸손의 의미는 각각 무엇인가?

Q. 세 가지 유형의 겸손을 비교 분석하고, 각 유형이 실제 삶에서 어떻게 나타나는지 설명할 수 있는가?

Q. 세 가지 유형의 겸손 차원에서 본인은 어떻게 생각하는가?

2부. 심리학으로 풀어본 겸손

1. 우리 마음속의 불편한 진실들

Q. '평균 이상 효과', '더닝-크루거 효과', '인지적 종결 욕구'의 의미를 떠올릴 수 있는가?

Q. 이러한 인지 편향을 경험한 사례가 있는가?

2. 자부심에 대하여

Q. 진정한 자부심과 오만한 자부심의 차이를 설명할 수 있는가?

Q. 자부심, 자존감, 자존심, 자신감의 차이점을 비교할 수 있는가?

Q. 적절한 자부심, 오만, 겸손, 비굴의 관계와 이들 개념은 서로 어떻게 상호작용하는가?

3. 겸손의 심리

Q. 자신감 없는 겸손(가면 증후군)의 원인은 무엇이며 극복하는 방법은 무엇이라 생각하는가?

Q. 사람들이 오만한 사람을 싫어하는 이유는 무엇이며, 오만한 사람과의 관계는 어떻게 관리할 수 있을까?

Q. 스스로 겸손하다고 할 수 있는지, 그리고 겸손과 오만이 공존할 수 있다고 생각하는가?

3부. 겸손의 손익계산서

1. 겸손의 효익

Q. 겸손이 연인 관계, 부부 관계, 신입사원 면접, CEO 리더십, 그리고 개인의 정신 건강에 미치는 긍정적 영향을 떠올릴 수 있는가?

Q. 겸손의 효익을 나만의 일상 사례에 접목할 수 있는가?

2. 겸손의 역효과

Q. 겸손의 역효과에 대한 구체적인 사례를 일상에서 경험한 적이 있는가?

Q. 어떻게 하면 겸손과 자랑의 균형을 이룰 수 있다고 생각하는가?

4부. 동서양의 겸손 비교

Q. 동서양 겸손의 개념 차이를 비교해 보면서, 어떤 문화적 배경이나 역사적 맥락이 이러한 차이를 만들었는지 생각해 볼 수 있는가?

Q. 서양인의 겸손은 동양적 겸손과 어떻게 다른가?

5부. 겸손으로 가는 길

Q. 겸손을 함양하기 위한 실질적인 방법들을 살펴보면서 내가 실천하고 싶은 방법은 무엇인가?

Q. 책에서 제시된 겸손 함양 전략들을 바탕으로, 당신이 실제로 겸손을 실천하기 위해 어떤 구체적인 계획을 세울 수 있을까?

누구든지 자기를 높이는 자는 낮아지고

누구든지 자기를 낮추는 자는 높아지리라.

−마태복음서 23장 12절

* * *

기독교의 덕목은 첫째는 겸손, 둘째도 겸손, 셋째도 겸손이다.

−초기 기독교 교부, 아우렐리우스 아우구스티누스(Aurelius Augustinus, 354−430)

* * *

진정한 겸손은 스스로 겸손인지 모른다. 만약 안다면,

훌륭한 미덕을 가졌다고 생각함에서 오는 교만인 것이다.

−독일의 종교개혁가 마틴 루터(Martin Luther, 1483−1546)

자만심은 감사하는 마음이라는 토양에서 쉽게 자라지 못한다.

- 제 100대 캔터베리 대주교 마이클 램지(Michael Ramsey, 1094- 1988)

* * *

당연히, 겸손은 연약함의 표시가 아니다.
겸손은 소심함을 뜻하지도 않는다.
우리는 겸손하면서도 강하고 담대할 수 있다.
겸손은 우리가 더 높은 힘에 의지해야 함을 인정하는 것이다.

-미국의 종교 지도자, 에즈라 태프트 벤슨(Ezra Taft Benson, 1899-1994)

* * *

겸손은 모든 미덕의 기초이자 바탕이며,
겸손 없이는 그 이름에 합당한 다른 미덕도 없다.

-소설 〈돈키호테〉의 저자 세르반테스(Cervantes, 1547-1616)

* * *

인간의 재앙은 자신의 지식을 자랑하는 것이다.

-프랑스 철학자 몽테뉴Montaigne, 1533- 1592)

* * *

칭찬받았을 때가 아니라 꾸중을 들었을 때
겸양을 잃지 않는 사람이 있다면 그는 참으로 겸손한 사람이다.

- 독일 소설가, 장 파울(Jean Paul, 1763-1825)

겸손하되, 자신의 뜻을 분명히 밝혀라.

— 자기계발서 〈마음 가는 대로 해라〉 저자, 앤드류 매튜스(Andrew Matthews)

* * *

겸손은 타인의 마음을 얻는 방법이다.

— 독일의 소설가, 괴테(Goethe , 1749~1832)

* * *

겸손은 자신을 낮추어 생각하는 것이 아니라,
자신에 대해 덜 생각하는(자아에 덜 몰입하는) 것이다.

— 소설 〈나니아 연대기〉의 저자이자 철학자 C.S. 루이스(Lewis, 1889~1963)

* * *

미치광이는 '나는 링컨이다'라고 말하고, 정신병자는
'나는 링컨이 되고 싶다'라고 말하며, 정상인은 '나는 누구인가?
나는 링컨이 아니라 나 자신이다'라고 말한다.

—서양 격언

* * *

신이시여, 내가 바꿀 수 없는 것들을 수용할 수 있는
평온함을 주시고, 내가 바꿀 수 있는 것들을 바꿀 수 있는
용기를 주시고, 그리고 이들의 차이를 알 수 있는
지혜를 주시옵소서.

—고요의 기도

내 지혜, 내 능력, 내 노력만으로 할 수 있는 것은 아무것도 없다.
그래서 하느님의 도움을 받기 위해 늘 겸손한 마음으로 기도한다.

—미국 16대 대통령 에이브러햄 링컨(Abraham Lincoln, 1809-1865)

* * *

평범한 능력밖에 없는 사람에게
겸손은 순수한 마음의 표상이 되지만,
훌륭한 능력을 지닌 사람에게 겸손은 위선일 뿐이다.

—독일 철학자, 쇼펜하우어(Schopenhauer, 1788-1860)

* * *

'아무도 섬일 수 없다'는 것을 깨달았을 때,
'어떤 개인도 모든 재능, 모든 아이디어,
전체 기능을 수행할 모든 역량을 갖출 수 없다'는 것을 깨달았을 때
겸손해질 수 있다. 삶의 질에 핵심적인 것은 함께 일하는 능력이며,
서로 배우는 능력이며, 서로 성장을 돕는 능력이다.

—〈성공하는 사람들의 7가지 습관〉의 저자, 스티븐 코비(Stephen Covey)

* * *

아는 것을 안다고 하고,
모르는 것을 모른다고 하는 것이 참으로 아는 것이다.
「知之爲知之, 不知爲不知, 是知也。」

—논어, 위정편 제17장

206

자신은 있으면서도 없는 것처럼 하고,

가득 찼으면서도 빈 것처럼 한다.

「有若無 實若虛」

−논어, 태백편 제 5장

* * *

공을 이루고는 그 자리에 머물지 않는다.

머물지 않음으로써 사라지지 않는다.

「功成而不居, 夫惟不居, 是而不去」

−도덕경 2장

* * *

스스로를 높이지 않고 남을 낮추지 않는 사람이

참된 도를 배우는 사람이다.

「不自高, 不下他, 是真學道之人。」

−화엄경, 입법계품

어리석은 자는 스스로를 지혜롭다고 여기고,

지혜로운 자는 자신이 어리석음을 안다.

「愚者自謂智, 智者知爲愚。」

−법구경, 제5장 제 63절, 어리석음의 장

빈 수레가 요란하다.

−한국 속담

＊ ＊ ＊

벼는 익을수록 고개를 숙인다.

−한국 속담

＊ ＊ ＊

겸손은 미덕의 첫걸음이다.

「謙遜は美徳の第一歩」

−일본 속담

1   Egon Zehnder. (2019). Leaders and Daughters 2019 Global Survey.
     https://www.egonzehnder.com/. 글로벌 임원 채용 및 컨설팅사인 Egon
     Zehnder가 2019년 7개국(미국, 영국, 독일, 인도, 브라질, 중국)의 기업 간부
     2,500명을 대상으로 조사한 5대 '리더의 가장 중요한 자질'은 전략(Strategic)
     45%, 도덕성(Ethical) 45%, 겸손(Humble) 43%, 용기(Courageous) 32%, 설
     득력(Persuasive) 27%이다. 밀레니얼 세대는 겸손을 가장 중요한 자질(48%)
     로 꼽았고 남성의 경우는 55%를 차지했다.

2   https://walr.com, International Women's Day 2023: Imposter
     Syndrome- Walr.

3   가면증후군(Imposter Syndrome)이란, 자신은 사람들이 생각하는 만큼 뛰어
     나지 않으며, 따라서 자신이 주변을 속이며 산다고 믿는 불안심리를 말한다.
     가면을 쓰고 있지 않은데도 가면을 쓰고 있다고 해서 붙여진 이름이다.

4   김도일, 최훈석, & 한지민(2024). 겸손에 관한 한국인의 상식이론: '겸손 편향'
     관점의 한계 및 장래연구 제언. 한국심리학회지: 사회 및 성격, 38(1).

5   *(중국 관련 자료) Shi, Y., Gregg, A.P., Sedikides, C., & Cai, H. J.
     (2021). Lay conceptions of modesty in China: A prototype approach.

Journal of Cross-Cultural Psychology, 52(2), 155-177. https://doi.org/10.1177/0022022120985318

*(미국인/영국인 관련 자료) Gregg, A. P., Hart, C. M., Sedikides, C., & Kumashiro, M. (2008). Everyday conceptions of modesty: A prototype analysis. *Personality and Social Psychology Bulletin, 34*(7), 978-992. https://doi.org/10.1177/0146167208316734

6   안정광, & 김유나. (2023). 한국판 겸손 반응 척도(K-MRS)타당화 연구. *한국 심리학회지: 사회 및 성격, 37*(2), 215-235.

7   Peng, H. (2022). Similar or Different Effects? Quantifying the Effects of Humility and Modesty on Job Performance. *Frontiers in Psychology, 13*, 809841. https://doi.org/10.3389/fpsyg.2022.809841.

8   신독(愼獨)은 〈예기(禮記)〉와 〈중용(中庸)〉에 나온다. 신독은 '홀로 있을 때에도 삼가고 조심한다.'는 뜻으로 겉으로 드러나는 행동뿐만 아니라, 아무도 보지 않을 때조차 자신의 내면과 행동을 신중하게 다스리는 자세를 말한다.

9   임형균. (2004, October 21). 노벨화학상 日 다나카 "나 좀 놔둬요". 조선일보. https://www.chosun.com/site/data/html_dir/2004/10/21/2004102170417.html?utm_source=chatgpt.com.

10 허달. (2012). 천년 가는 기업 만들기. 비움과 소통. p. 23.

11 참조 10과 동일. p. 23-25.

12 정현천. (2011). *나는 왜 사라지고 있을까?*. 리더스북. p. 68.

13 Tangney, J. p.(2000). Humility: Theoretical perspectives, empirical findings and directions for future research. *Journal of Social and Clinical Psychology, 19*(1), 70 – 82. https://doi.org/10.1521/jscp.2000.19.1.70

14 Davis, D., Rice, K., McElroy-Heltzel, S., Deblaere, C., Choe, E., Van Tongeren, D., & Hook, J. (2015). Distinguishing intellectual humility and general humility. *The Journal of Positive Psychology, 11*, 1-10. https://doi.org/10.1080/17439760.2015.1048818

15 플라톤: 고대 그리스의 대표 철학자다. 소크라테스의 제자이자 아리스토텔레스의 스승이다. 그는 철학, 정치, 윤리, 형이상학 등 다양한 분야에서 깊은 영향을

미쳤다. 특히 인간의 삶과 사회가 추구해야 할 가치와 이상을 제시한 '이데아론'
은 서양철학사에서 형이상학의 기초를 제공했다. 플라톤의 저서 중에는 〈국가
(The Republic)〉, 〈향연(Symposium)〉, 〈파이돈(Phaedo)〉 등이 있다.

16 https://www.plato.stanford.edu〉entries〉knowledge-analysis. The
Analysis of Knowledge Stanford Encyclopedia of Philosophy/summer
2018 Edition.

17 하버드비즈니스리뷰. (2017, March). CEO버블을 터뜨려라. https://
www.hbrkorea.com/article/view/atype/ma/category_id/8_1/article_
no/926?utm_source=chatgpt.com

18 Friedman, T. (2014, February 24). *How to Get a Job at Google*. The
New York Times.

19 김영두. (2006). *퇴계와 고봉, 편지를 쓰다*. 소나무. p.400.

20 참조 19와 동일. p.405.

21 샘표ISP.(n.d.). 인재상. https://www.sempioisp.com

22 박진선. (2018, May 4). 기업하는 목적은... 리더십. 인사이트코리아. https://
www.insightkorea.co.kr.

23 옌센, 라스. (2014). 1825일의 트랜스포메이션. 한국경제매거진. p. 238.

24 Maersk. (n.d.). Our core value. https://www.maersk.com.

25 Maersk. (2019, June 29). The Values are constant in a complex world.
https://www.maersk.com.

26 윌래프. (1997). 야스퍼스의 철학 사상. 서문문고. p.206.

27 과학기술정보통신부. (2020, May 19). 높은 우주의 빛나는 별들, 은하계에 별
이 몇 개 있을까?, https://www.msit.go.kr.

28 반 통게렌, 데릴. (2024). *겸손의 힘*. 상상스퀘어. p.28.

29 딕슨, 존. (2013). 후밀리타스. 포이에마. p.64.

30 김성구. (2024). 아인슈타인의 우주적 종교와 불교. 불광출판사. p.65.

31 참조 30과 동일.

32 Dillon, R. S. (2021). Humility and Self-Respect. The Routledge
Handbook of Philosophy of Humility (p.65). Routledge.

33 성기영. (2023). 소록도의 마리안느와 마가렛. 위즈덤하우스. 와 언론 매체의

기사를 바탕으로 재구성.

34 Svenson, O. (1981). Are we all less risky and more skillful than our fellow drivers?, *Acta Psychologica, 47*(2), 143‑148. https://doi.org/10.1016/0001-6918(81)90005-6 (Archived from the original [PDF] on 22 July 2012)

35 Cross, K. p.(1977). Not can but will college teachers be improved?. *New Directions for Higher Education, 1977*(17), 1‑15. https://doi.org/10.1002/he.36919771703

36 Stanford GSB. (2000, April 24). It's academic. *Stanford GSB Reporter, 24 April*, pp.14‑5. ; Zuckerman, E. W., & Jost, J. T. (2001). What makes you think you're so popular? Self-evaluation maintenance and the subjective side of the" friendship paradox". *Social Psychology Quarterly*, 207-223.

37 Kruger, J., & Dunning, D. (1999). Unskilled and unaware of it: how difficulties in recognizing one's own incompetence lead to inflated self-assessments. *Journal of Personality and Social Psychology*, 77(6), 1121-1134.

38 Young, J. Q., et al. (2011). 'July effect': Impact of the academic year-end changeover on patient outcomes. *Annals of Internal Medicine, 155*, 309-315.

39 김윤진. (2023). 불안한 사회가 비과학적 사고의 주범, 진실보다 '믿고 싶은 거짓'에 쉽게 빠져, DBR(동아비즈니스리뷰), https://dbr.donga.com/article/view/1101/article_no/10963/ac/search.

40 흄, 데이비드.(2019). 정념에 관하여(A treatise of human nature). 서광사. p. 29.

41 Tracy, J. L., & Robins, R. W. (2007). Emerging insights into the nature and function of pride. *Current Directions in Psychological Science, 16*(3), 147-150.

42 네이버 블로그. (2009, December 7). 정신과 의사가 말하는 겸손의 두 얼굴: 지나친 겸손과 진정한 겸손. https://blog.naver.com.

43 부룩스, 데이비드. (2015). 인간의 품격(*The road to character*). 부키. p. 359.

44 Whitcomb, D., Battaly, H., Baehr, J., & Howard-Snyder, D. (2017). Intellectual humility: Owning our limitations. *Philosophy and Phenomenological Research, 94*(3), 509-539.

45 참조 44와 동일.

46 브랜든, 너새니얼. (2023). *자존감의 여섯 기둥.* 교양인. p.59.

47 안상순. (2024). *우리말 어감 사전.* 유유. p.292.

48 PR Newswire. (2021, May 20). InnovateMR news & press release. https://www.prnewswire.com.

49 참조 48과 동일.

50 손, 리사. (2022). *임포스터.* 21세기북스. p.22.

51 참조 50과 동일. p.212.

52 Leary, M. R., Bednarski, R., Hammon, D., & Duncan, T. (1997). Blowhards, snobs, and narcissists: Interpersonal reactions to excessive egotism. In R. M. Kowalski (Ed.), In *Aversive interpersonal behaviors*(pp.111－131). Plenum Press. https://doi.org/10.1007/978-1-4757-9354-3_6.

53 Brady, M. S. (2021). Pride and Humility. The Routledge Handbook of Philosophy of Humility(pp.106-116). Routledge.

54 이기범, & 애쉬톤, 마이클. (2014). *H팩터의 심리학.* 문예출판사. p.243.
마이클 애쉬톤은 캐나다 브록대학교(Brock University) 심리학 교수이며 이기범은 캘거리 대학교(The University of Calgary) 심리학 교수이다. 그들은 기존의 다섯 가지 성격 모형(Big Five 모델)에 추가하여 정직-겸손(Honesty-Humility)이라는 여섯 번째 요인을 제시했다. 이를 HEXACO 성격 모델이라 부른다. 3부 〈겸손은 성격인가?〉를 참조하기 바란다.

55 케인, 수전. (2014). *콰이어트.* RHK. p.36.

56 Grant, A. M. (2013). Rethinking the extraverted sales ideal: The ambivert advantage. *Psychological Science, 24*(6), 1024－1030. https://doi.org/10.1177/0956797612463706.

57 이기범, & 애쉬톤, 마이클. (2014). *H팩터의 심리학.* 문예출판사. p.40.

58 참조 57과 동일.

59 McCrae, R. R., & Costa, p.T., Jr. (1997). Personality trait structure as a human universal. *American Psychologist, 52*(5), 509‑516. https://doi.org/10.1037/0003-066X.52.5.509.

60 McCrae, R. R., Costa, p.T., Jr., Ostendorf, F., Angleitner, A., Hrebícková, M., Avia, M. D., Sanz, J., Sánchez-Bernardos, M. L., Kusdil, M. E., Woodfield, R., Saunders, p.R., & Smith, p.B. (2000). Nature over nurture: Temperament, personality, and life span development. *Journal of Personality and Social Psychology, 78*(1), 173‑186. https://doi.org/10.1037//0022-3514.78.1.173.

61 Henson, R. N., Shallice, T., Gorno-Tempini, M. L., & Dolan, R. J. (2002). Face repetition effects in implicit and explicit memory tests as measured by fMRI. *Cerebral Cortex, 12*(2), 178-186. https://doi.org/10.1093/cercor/12.2.178.

62 리틀, 브라이언. (2020). *내가 바라는 나로 살고 싶다*. 매경출판. p.83.

63 Schwartz, C. E., Wright, C. I., Shin, L. M., Kagan, J., & Rauch, S. L. (2003). Inhibited and uninhibited infants "grown up": Adult amygdalar response to novelty. *Science, 300*(5627), 1952-1953. https://doi.org/10.1126/science.1083703.

64 Robinson, B. (2021). I am so humble !: On the paradox of humility. In M. Alfano (Ed.), *The Routledge Handbook of Philosophy of Humility*(pp.26-35). Routledge.

65 흄, 데이비드. (2019). *정념에 관하여*. 서광사. p.27.

66 호킹, 스티브. (2024). *시간의 역사*. 까치글방. p.238.

67 Whitcomb, D., Battaly, H., Baehr, J., & Howard-Snyder, D. (2017). Intellectual humility: Owning our limitations. *Philosophy and Phenomenological Research, 94*(3), 509-539.

68 Zhang, H., Ou, A. Y., Tsui, A. S., & Wang, H. (2017). CEO humility, narcissism and firm innovation: A paradox perspective on CEO traits. *Leadership Quarterly, 28*(5), 585-604.

69　Owens, B. P., Wallace, A. S., & Waldman, D. A. (2015). Leader narcissism and follower outcomes: The counterbalancing effect of leader humility. *Journal of Applied Psychology, 100*(4), 1203-1213. https://doi.org/10.1037/a0038698.

70　서경권2, 대우모(大禹謨: 우임금의 계책 말씀).

71　Mogilski, J. K., Welling, L. L. M., Shackelford, T. K., & Zeigler-Hill, V. (2019). The primacy of trust within romantic relationships: Evidence from conjoint analysis of HEXACO-derived personality profiles. *Evolution and Human Behavior, 40*(4), 365-374. https://doi.org/10.1016/j.evolhumbehav.2019.05.003.

72　Farrell, J. E., Hook, J. N., Ramos, M., Davis, D. E., Van Tongeren, D. R., & Ruiz, J. M. (2015). Humility and relationship outcomes in couples: The mediating role of commitment. *Couple and Family Psychology: Research and Practice, 4*(1), 14-26. https://doi.org/10.1037/cfp0000033.

73　Davis, D. E., Hook, J. N., Worthington, E. L., Van Tongeren, D. R., Gartner, A. L., Jenks, C., & Emmons, R. A. (2013). Humility and the development and repair of social bonds: Two longitudinal studies. *Self and Identity, 12*(1), 58-77. https://doi.org/10.1080/15298868.2011.636509.

74　Wang, F., Edwards, K. J., & Hill, p.C. (2017). Humility as a relational virtue: Establishing trust, empowering repair, and building marital well-being. *Journal of Psychology and Christianity, 36*(2), 168-179.

75　Ripley, J. S., Davis, D. E., & Hook, J. N. (2016). Perceived partner humility predicts subjective stress during transition to parenthood. *Couple and Family Psychology: Research and Practice, 5*(3), 157-167. https://doi.org/10.1037/cfp0000055.

76　Davis, D. E., Hui, M. H., Worthington, E. L., & Hook, E. J. (2013). Humility and the development and repair of social bonds: Two longitudinal studies. *Self and Identity, 12*(1), 58-77. https://doi.org/10.1080/15298868.2011.636509.

77 Ou, A., Tsui, A., Kinicki, A., Waldman, D., Xiao, Z., & Song, L. (2014). Humble chief executive officers' connections to top management team integration and middle managers' responses. *Administrative Science Quarterly, 59*(1), 34-72.

78 참조 77과 동일.

79 Krause, N., Pargament, K. I., Hill, p.C., & Ironson, G. (2016). Humility, stressful life events, and psychological well-being: Findings from the landmark spirituality and health survey. *The Journal of Positive Psychology, 11*(5), 499-510. https://doi.org/10.1080/17439760.2015.1127991.

80 Ross, L. T., & Wright, J. C. (2023). Humility, personality, and psychological functioning. *Psychological Reports, 126*(2), 688-711. https://doi.org/10.1177/00332941211062819.

81 글래드웰, 말콤. (2009). *아웃라이어*. 김영사. p.242-257.

82 Gibson, K. R., Harari, D., & Marr, J. C. (2018). When sharing hurts: How and why self-disclosing weakness undermines the task-oriented relationships of higher status disclosers. *Organizational Behavior and Human Decision Processes, 144*, 25-43. https://doi.org/10.1016/j.obhdp.2017.09.001.

83 Nault, K. A., & Yap, A. J. (2024). The self-promotion boost: Positive consequences for observers of high-rank self-promoters. *Journal of Personality and Social Psychology, 126*(2), 175-212. https://doi.org/10.1037/pspa0000364.

84 Sezer, O., Gino, F., & Norton, M. I. (2018). Humblebragging: A distinct-and ineffective-self-presentation strategy. *Journal of Personality and Social Psychology, 114*(1), 52-74. https://doi.org/10.1037/pspi0000108.

85 Kim, E. J., Berger, C., Kim, J., & Kim, M. S. (2014). Which self-presentation style is more effective? A comparison of instructors' self-enhancing and self-effacing styles across the culture. *Teaching in*

Higher Education, 19(5), 510-524. https://doi.org/10.1080/13562517.20
14.880686.

86 니스벳, 리처드. (2021). *생각의 지도*. 김영사. p.190.

87 참조 86과 동일. p.191.

88 산파술: 대화를 통해 상대방 스스로 진리에 도달하도록 돕는 소크라테스의 철
학적 대화법을 말한다. 이 기법은 산파가 아이를 낳는 과정을 돕는 것과 유사
하다고 해서 붙여진 이름이다. 소크라테스는 자신을 지식을 전수하는 스승이
아니라, 상대방의 내면에 존재하는 진리를 끌어내는 조력자로 여겼다. 산파술
의 주 요소는 비판적 질문과 적극적 경청을 꼽을 수 있다.

89 참조 29와 동일. p.116.

90 참조 29와 동일. p.121.

91 니체 (1844~1900): 독일의 철학자로, 기존의 도덕과 종교적 가치관을 비판하
며, 인간이 스스로의 삶을 긍정하고 새로운 가치를 창조할 것을 주장했다. 대표
저서로는 짜라투스트라는 이렇게 말했다, 선악의 저편, 도덕의 계보 등이 있다.

92 니체, 프리드리히. (2024). *선악의 저편*. 아카넷. p.362.

93 니체, 프리드리히. (2023). *도덕의 계보*. 아카넷. p.79.

94 콩트-스퐁빌, 앙드레. (2012). *미덕이란 무엇인가*. 까치글방. p.178.

95 Snow, N. E. (1995). Humility. *Journal of Value Inquiry, 29*(2), 203-216.
https://doi.org/10.1007/BF01083616.

96 Peterson, C., & Seligman, M. E. p.(2004). *Character strengths and
virtues: A handbook and classification*. Oxford University Press;
American Psychological Association.

97 Morris, M. H., Schindehutte, M., Allen, J., & Kuratko, D. F. (2005).
The entrepreneur's business model: Toward a unified perspective.
Journal of Business Research, 58(6), 726-735. https://doi.org/10.1016/
j.jbusres.2003.11.001.

98 Lee, K., & Ashton, M. C. (2004). The HEXACO personality inventory:
A new measure of the major dimensions of personality. *Multivariate
Behavioral Research, 39*(2), 329-358. https://doi.org/10.1207/
s15327906mbr3902_8.

99 Wright, J. C., & Nadelhoffer, T. (2016). Humility as a foundational virtue: The (potential) philosophical significance of what we've learned about humility (for special issue of Ethical Theory and Moral Practice). *Manuscript in preparation.*

100 한덕수. (2024). 하루 한 장 주역 강독. SIDEWAYS. p.178.

101 논어 안연편 12장 1절: 자기 몸을 규율하고 예로 돌아가면 인이 된다(克己復禮 爲仁). 예가 아니면 보지 말라(非禮勿視), 예가 아니면 듣지 말라(非禮勿聽), 예 가 아니면 말하지 말라(非禮勿言), 예가 아니면 움직이지 말라(非禮勿動).

102 논어 자한편 9장 4절: 공자는 네 가지를 하지 않았다. 억측하지 않았고, 어떤 일이 꼭 그래야 한다고 기대하지 않았고, 억지 고집을 부리지 않았고, 자신을 내세우지 않았다(자절사 子絶四, 무의 無意, 무필 無必, 무고 無固, 무아 無我).

103 주희(朱熹) 또는 주자(朱子): 중국 송나라 시대의 대표적인 유학자이자 철학자 다. 그는 유교 사상을 체계적으로 정리하고 발전시킨 성리학(性理學)의 창시자 로, 동아시아 사상과 문화에 지대한 영향을 끼친 인물이다. 그는 공자와 맹자 의 사상을 바탕으로, 우주와 인간, 도덕에 관한 철학을 심화시켜 유교 사상을 새롭게 재구성했다.

104 김도일. (2022). 겸손의 수행적 기능에 대한 탐구 - 『단경(壇經)의 삼무(三 無)와의 비교를 통하여 -. 유교사상문화연구, 88, 145-191. https://doi. org/10.23012/tsctc.88.202206.145에 있는 참조 문헌을 재 인용. 원 출처 이 정집 二程集』: "有其德而不居, 謂之謙".

105 김도일. "겸손의 수행적 기능에 대한 탐구 - 『단경(壇經)』의 삼무(三無)와의 비 교를 통하여 -" 유교사상문화연구 no.88(2022): 145-191.doi: 10.23012/ tsctc.88.202206.145〉에 있는 참고 문헌을 재 인용하였음. 원 출처는 周易本 義』: "謙者, 有而不居之義".

106 신창호. (2018). 경이란 무엇인가. 한스미디어. P.46을 재 인용함. 원 출처 〈性 理大全 권 37〉.

107 김도일. (2022). 겸손의 수행적 기능에 대한 탐구-[단경 (壇經)]의 삼무 (三無) 와의 비교를 통하여. 유교사상문화연구, 88, 145-165.

108 장일순. (2004). 무위당 장일순의 노자이야기. 삼인.
[도덕경 2장] 공성이불거(功成而不居)

위이불시(爲而不恃), 공성이불거(功成而不居), 부유불거(夫惟不居), 시이불거(是而不去)

[도덕경 8장] 상선약수(上善若水)

상선약수(上善若水). 수선리만물이부쟁(水善利萬物而不爭), 처중인지소오(處衆人之所惡), 고기어도 (故幾於道)

[도덕경 38장] 상덕부덕(上德不德)

상덕부덕(上德不德), 시이유덕(是以有德), 하덕부실덕(下德不失德), 시이무덕(是以無德). 상덕무위이무이위(上德無爲而無以爲), 하덕위지이유이위(下德爲之而有以爲)

[도덕경 24장] 기자불립(跂子不立)

기자불립(跂子不立), 과자 불행(跨子不行)

[도덕경 56장] 화광동진(和光同塵)

화기광(和其光), 동기진(同其塵)

109 Bommarito, N. (2021). Buddhist humility. *The Routledge Handbook of Philosophy of Humility* (p.236-244). Routledge.

110 유영수. (2016). 일본인 심리상자. 한스미디어. p.101-112.

111 오강남. (2022). 도덕경. 현암사. p.27.

112 콩트-스퐁빌, A. (2012). 미덕이란 무엇인가. 까치글방.p.18-21.

113 Lavelock, C., Worthington, E., Davis, D., Griffin, B., Reid, C., Hook, J., & Van Tongeren, D. (2014). Quiet virtue speaks: An intervention to promote humility. *Journal of Psychology and Theology, 42*, 99-110.

114 차동엽. (2012). 잊혀진 질문. 명진출판. p. 230.

115 핑크,D. (2020). 드라이브. 청림출판. P.161.

116 김갑수 (역.). (2019). *장자*. 글항아리. p.329(달생).

기왓장을 걸고 내기를 하는 사람은 잘 하지만, 띠쇠를 걸고 내기를 하는 사람은 겁을 내고, 황금을 걸고 내기를 하는 사람은 정신이 혼미해진다. 그 솜씨는 한 가지일지라도 상황에 따라 달라지는 것은 아까워하는 마음이 있기 때문이다. 즉 외물(外物)을 중시하기 때문이다. 대개 외물(外物)을 중시하면 내면(內面)이 치졸해진다(외중자내졸, 外重者內拙).

117 슬링거랜드, E. (2019). 애쓰지 않기 위해 노력하기(*Trying Not to Try*),

고반. 재 인용 (p.403). 원문은 Wulf, G., & Lewthwaite, R. (2010). Effortless motor learning? An external focus of attention enhances movement effectiveness and efficiency. In B. Bruya (Ed.), Effortless attention: A new perspective in the cognitive science of attention and action (pp.75 - 101). Boston Review. https://doi.org/10.7551/mitpress/9780262013840.003.0004.

118 참조 117과 동일. 재 인용 (p.358).

119 Robinson, B., & Alfano, M. (2016). I know you are, but what am i?: Anti-individualism in the development of intellectual humility and Wu-Wei. *Logos & Episteme, 7*(4), 435-459. https://doi.org/10.5840/logos-episteme20167442.

120 Kesebir, p.(2014). A quiet ego quiets death anxiety: Humility as an existential anxiety buffer. *Journal of Personality and Social Psychology, 106*(4), 610-623. https://doi.org/10.1037/a0035814.

121 김주환. (2024). 내면 소통. 인플루엔셜. p.388.

122 참조 121과 동일. p.634.

123 Shapiro, S. L., Schwartz, G. E. R., & Santerre, C. (2005). Meditation and Positive Psychology. In C. R. Snyder, & S. J. Lopez (Eds.), *Handbook of Positive Psychology*. Cary, NC: Oxford University Press.

124 Schneider, R. H., Alexander, C. N., Staggers, F., Rainforth, M., Salerno, J. W., Hartz, A., Arndt, S., Barnes, V. A., & Nidich, S. I. (2005). Long-term effects of stress reduction on mortality in persons aged 55 years or older with systemic hypertension. *American Journal of Cardiology, 95*(9), 1060-1064. https://doi.org/10.1016/j.amjcard.2004.12.058.

125 Fredrickson, B. L., Cohn, M. A., Coffey, K. A., Pek, J., & Finkel, S. M. (2008). Open hearts build lives: Positive emotions, induced through loving-kindness meditation, build consequential personal resources. *Journal of Personality and Social Psychology, 95*(5), 1045-1062. https://doi.org/10.1037/a0013262.

126 박종구. (2001). 밝은빛 태극권. 정신세계사. p.21-48.

태극은 우주의 생성과 만물의 변화를 이끄는 출발점으로 간주한다. 태극은 움직일 기틀은 있되 아직 움직이지 않은 상태이며, 일단 동(動)하여 나누어지면 음양이 된다. 즉 태극이 음양을 낳는다. 예를 들면, 수분, 온도 등 최적의 조건을 갖춘 땅 속에 막 들게 된 씨앗이 싹을 틔우려고 하는 뜻이 생긴 때 그것이 바로 태극이다. 그러나 같은 씨앗이지만 아직 조건을 만나지 못해 아무 뜻이 없는 씨앗. 예를 들어 그냥 책상 위에 놓인 씨앗은 무극(無極)이라 한다. 아무것도 없는 상태다.

태극은 천지만물의 근본이며, 음양은 천지만물의 활력의 정, 반 양면이라고 할 수 있다. 예를 들면, 허(虛)와 실(實), 강(剛)과 유(柔), 쾌(快)와 만(慢), 개(開)와 합(合) 등이 모두 음양으로 대립되는 개념들이다. 그러나 음양은 동전의 양면과 같이 서로 떨어질 수 없는 것이며, 상황에 따라 언제든지 바뀔 수 있다. 태극권은 바로 우주의 근본인 태극과 음양의 자연 법칙에 부합해서 창조된 권법이다. 태극의 이치를 나타내는 말 가운데 '유위중무위 무위중유위(有爲中無爲 無爲中有爲)는 대립되는 음양(陰陽), 유무(有無), 동정(動靜)이 하나로 통합되고 조화되어야 함을 보여준다. 태극권 수련은 태극의 이치를 머리가 아니라 몸으로 배우는 것이다.

127 참조 126과 동일.

128 타이치라이프. (2020). 전통진가태극권. 도서출판 밝은빛. p.459.

129 시라토리 하루히코. (2016). 초역 니체의 말. 삼호미디어. p.93.

130 주희. (2005). 근사록. 자유문고. p.186.
   심정자 기언중서 心定者, 其言重以舒, 부정자 기사경이질 不定者 其辭輕以疾) * 근사록近思錄은 주자학의 입문서로 주희(주자)와 여조겸이 함께 엮었으며, 당시에는 '송(宋)나라의 논어'라고도 하였다.

131 프랭클린, B. (2015). 벤저민 프랭클린 자서전. 원앤원북스. p.40, p.174-176.

132 1. 절제, 2. 침묵, 3. 규율, 4. 결단, 5. 절약, 6. 근면, 7. 정직, 8. 정의, 9. 중용, 10. 청결, 11. 평정, 12. 순결, 13. 겸손.

133 Fragale, A. R. (2006). The power of powerless speech: The effects of speech style and task interdependence on status conferral. *Organizational Behavior and Human Decision Processes, 101*(2), 243-261. https://doi.org/10.1016/j.obhdp.2006.04.003.

134 Grant, A. M., Gino, F., & Hofmann, D. A. (2011). Reversing the extraverted leadership advantage: The role of employee proactivity: Erratum. *Academy of Management Journal, 54*(4), 656. https://doi.org/10.5465/amj.2011.60263007.

135 Karmarkar, U. R., & Tormala, Z. L. (2010). Believe me, I have no idea what I'm talking about: The effects of source certainty on consumer involvement and persuasion. *Journal of Consumer Research, 36*(6), 1033 – 1049. https://doi.org/10.1086/648381.

136 김남인. (2016). 회사의 언어. 어크로스. p 27.

137 뱀의 뇌에게 말을 걸지마라. 마크 고울스톤(Mark Goulston). 타임비즈. 2010. p. 97.

138 그랜트, A. (2019). *기브 앤 테이크*. 생각연구소. p.230.

139 Brooks, A. W., Gino, F., & Schweitzer, M. E. (2015). Smart people ask for (my) advice: Seeking advice boosts perceptions of competence. *Management Science, 61*(6), 1421 – 1435. https://doi.org/10.1287/mnsc.2014.2054.

140 샤인, E. (2022). *리더의 질문법*. 심심. p.55.

141 참조 140과 동일. p.87 – 106.

142 Friestad, M., & Wright, p.(1994). The persuasion knowledge model: How people cope with persuasion attempts. *Journal of Consumer Research, 21*(1), 1 – 31. https://doi.org/10.1086/209380.

143 그랜트, A. (2024). 오리지널스. 한국경제신문. p.127-130.

144 내셔, J. (2021). 어떻게 능력을 보여줄 것인가. 갤리온. p.62.

145 Aronson, E., Willerman, B., & Floyd, J. (2014). The effect of a pratfall on increasing personal attractiveness. *Psychonomic Science, 4*(2), 227 – 228. https://doi.org/10.3758/BF03342263.

146 파인먼, M. (2022). *자랑의 기술*. 문학동네. p.85.

147 Harvard Health Publishing. (2021, August 14). Giving thanks can make you happier. https://www.health.harvard.edu/newsletter_article/giving-thanks-can-make-you-happier.

148 파인먼, M. (2022). *자랑의 기술*. 문학동네. p.289.

149 Fowler, J. H., & Christakis, N. A. (2008). Dynamic spread of happiness in a large social network: Longitudinal analysis over 20 years in the Framingham Heart Study. The *BMJ*, 337, a2338. https://doi.org/10.1136/bmj.a2338.

황금벼는 일부러 고개 숙이지 않는다
미처 몰랐던 사회적 생존의 꿀팁

초판 1쇄 발행 2025년 3월 31일

지은이   장진원
표지 디자인   design4poem, 해화
본문 디자인   오성민
펴낸이   한완정
펴낸곳   레드메히아
이메일   wanjung0419@naver.com
출판등록   2024년 10월 15일 제 399-2024-000107호

ISBN 979-11-991046-9-3

- 이 책의 저작권은 저자에게 있습니다.
- 이 책은 저작권법에 따라 보호 받는 저작물이므로 무단전재와 무단복제를 금지합니다.
- 이 책 내용의 전부 또는 일부를 이용하려면 반드시 저작권자와 출판사의 동의를 받아야 합니다.
- 책값은 뒤표지에 있습니다.
- 저작권자를 찾지 못하여 게재 허락을 받지 못한 일부 작품에 대해서는 저작권자가 확인되는 대로 게재 허락을 받고 통상의 기준에 따라 사용료를 지불하도록 하겠습니다.
- 본 도서는 학술적 목적에 따라 공정 이용 원칙을 준수하려 했습니다.

레드메히아(Red Magia)는 라틴어로 '붉은 마법'을 의미하며, 붉은 사랑과 붉은 열의로 가득 한 글들을 다루는 출판사입니다. 레드메히아는 여러분의 독창적이고 빛나는 원고를 기다립니다. 나만의 예술을 우리의 예술로 만들고 싶으신 분들은 출판사 이메일(wanjung0419@naver.com)로 투고해 주세요. 귀하의 시선에 함께 하고 싶습니다